Zwischen Chiemsee und Königssee

Hinaufsteigen, um hinunterzuschauen. Am Kranzhorn ist es der Inn, der die Landschaft geprägt hat

»Wen Gott lieb hat, den lässt er fallen in dieses Land.«

Ludwig Ganghofer, der für Berchtesgaden diesen Satz geprägt hat, ist in seinem Leben viel herumgekommen, und auf sein Urteil können wir zählen. Mit flotten Sprüchen allein allerdings geht es in den Berchtesgadener Alpen aber nicht: Da wartet die luftige Überschreitung der drei Watzmanngipfel, für die viel »Schmalz« gefragt ist und eine Portion alpine Erfahrung. Oder die Watzmann-Ostwand – eine riesige, wilde Felslandschaft, kilometerbreit und betörend hoch. Die höchste Wand der Ostalpen. Auch die schönste?

Eine noch berühmtere Tour gibt es in den Berchtesgadener Bergen nicht. Dafür aber noch viele, viele andere: gestandene Bergtouren und einfache Wandergipfel mit wunderbaren Ausblicken zum Hohem Göll, zu Hagengebirge, Steinernem Meer, Reiteralm, Hochkalter, Lattengebirge, Untersberg und natürlich zum Watzmann. Dazwischen Tallandschaften und Orte wie aus dem Kalender: Berchtesgaden oder Ramsau, deren hübsches Kirchlein auch die Titelseite ziert. Aber auch Klettertouren, in denen sich die Besten der Besten beweisen.

Das Herzstück ist aber der Königssee, dieser tiefblaue Fjord mit der Wallfahrtskirche St. Bartholomä, über der die Ostwand aufragt. Dass Natur hier Natur bleibt, dafür sorgt der Nationalpark, der einzige alpine Nationalpark Deutschlands. In ihm sind ursprüngliche Almen genauso geschützt wie verwunschene Bergwälder und die karge Hochgebirgslandschaft der Karstplateaus. Ein Stück steinerne Unendlichkeit – hier ist sie!

Ebenso groß, aber von anderem Charakter sind die Chiemgauer Alpen. Zwischen Inn und Saalach gelegen bilden sie das Bindeglied zwischen den Münchner Ausflugszielen und der wilden Hochgebirgsregion östlich von Bad Reichenhall. Grüne Waldberge mit zahlreichen Almen, unzähligen Wanderwegen und hier und da ein felsiger Gipfel zum Klettern unter weiß-blauem Himmel – Aussichtslogen hinein in die Zentralalpen und hinaus ins flache Land. Orientierungspunkt während des Gipfelblicks ist das »Bayerische Meer«. Der Chiemsee ist das Herz des Chiemgaus. Und mitten im Herzen liegen die beiden Inseln: die Herreninsel mit dem Königsschloss und die kleinere Fraueninsel. Kultur und Flair auf Schritt und Tritt.

Egal, ob Bergblick vom See oder Seeblick vom Berg – das Chiemgau ist eine Landschaft für Genießer. Mit vielen stillen Ecken, abwechslungsreich und vielschichtig.

Chiemgau und Berchtesgaden, zwei oberbayerische Schmankerl. Die beiden Nachbarn im Osten der bayerischen Gebirge bieten Wanderziele, Eisenwege, Gipfelglück, Kletterfelsen, dazu Geschichte, Kultur und viel, viel mehr.

Schauen Sie, lesen Sie und entdecken Sie selbst – viel Vergnügen!

Andrea Strauß

Andrea Strauß

DasTitelbild:
Das Ramsauer Kircherl mit der Ramsauer Ache und der Reiteralm im Hintergrund, in der Mitte das markten Wagendrischlhorn.
Foto: Andreas Strauß

In Berchtesgaden und im Chiemgau bricht ein neuer Tag an. Blick auf Rauschberg, Untersberg, Hörndlwand und Sonntagshorn

Fotos: Bodenbender (1), Ritschel (1), Strauß (5), Zak (1)

DIE REGION

Eine gute Million Münchner und ebenso viele Urlauber glauben sie zu kennen, die Chiemgauer und Berchtesgadener Alpen. Und tatsächlich: Auf der Kampenwand war schon fast jeder, auch der Watzmann zieht die Bergsteiger in Massen an. Bayern zwischen Inn und Salzach hat aber viel, viel mehr zu bieten als die zwei Paradegipfel – so schön sie auch sein mögen.

Auf etwa 1000 Quadratkilometern reihen sich im Chiemgau Gipfel an Gipfel, genug Neuland auch für Kenner. Gut erreichbar sind sie allesamt, einige wenige sogar mit der Seilbahn bis zum höchsten Punkt. Gemeinsam ist ihnen der Voralpencharakter, jener charmante Wechsel von Almen und Wäldern, durchsetzt von Felsen ab und an. Die nächste Hütte ist meist nicht weit und am Ende eines Wander- oder Biketages, eines Kletter- oder Klettersteigabenteuers wartet ein Biergarten oder die Erfrischung im Chiemsee. Was die Berchtesgadener Alpen gegenüber den Chiem-

Auf einem der Eckpfeiler und Aussichtsbalkone der Berchtesgadener Alpen: am Brandhorn

Foto: Andreas Strauß

gauern auszeichnet, ist ihre Höhe: Bei etwa gleicher Fläche misst der Hochkönig (2941 m) immerhin tausend Meter mehr als das Sonntagshorn (1961 m). Als höchster Berchtesgadener Gipfel ist er schon ganz dem Süden zugewandt. Die anderen acht Gebirgsgruppen reihen sich jedoch um den Berchtesgadener Talkessel und den Königssee. Eine Bilderbuchlandschaft! Ganz anders als der Nachbar Chiemgau, wilder, karger und für uns Wanderer, Bergsteiger, Kletterer und Biker auch ein gutes Stück anspruchsvoller.

Das Land vor den Bergen – altes Kulturland und attraktive Ferienregion in einem. Hier beginnt jede Reise in die Chiemgauer oder Berchtesgadener Berge. Hier beginnen auch wir!

Der Chiemsee mit seinen Inseln: die liebliche Fraueninsel, der Winzling Krautinsel und die parkartige Herreninsel – Voralpenland par excellence!

VOR den Bergen

Foto: Jörg Bodenbender

Wanderparadies Chiemgauer Alpen. Almgelände und Bergwälder im Wechsel, ab und an ein Felsaufbau zur Erinnerung daran, wie das Hochgebirge aussieht. Vor allem aber der Blick: der Blick ins Alpenvorland und hinein ins hohe Gebirge.

Hochgern und Hochfelln sind ein schönes Chiemgauer Paar – der eine nur zu Fuß zu erreichen, aber mit einem Dutzend verführerischer Hütten und einer kleinen Gipfelkapelle, der andere ein Seilbahnberg mit schönen Bikestrecken und dennoch vielen ruhigen Wegen

Foto: Jörg Bodenbender

König Watzmann im Zentrum! So muss es sein, auch beim Blick von Süden über das Steinerne Meer; erst weit draußen, wo der Untersberg seine Südwand leuchten lässt, sieht man wieder Grün

AUF den Bergen

Wo die Berge Mondlandschaften gleichen: das Steinerne Meer in den Berchtesgadener Alpen. Vorbei ist der liebliche Charakter der Vorberge. Hier kreist der Adler, hier herrschen die klaren Linien und die karge Schönheit.

Foto: Jörg Bodenbender

Liebliche Täler, romantische Almen, unzählige Gipfel mit Blick ins Vorland und hinein ins »richtige« Gebirge. Im Chiemgau fühlt man sich schnell zu Hause!

Das Chiemgau

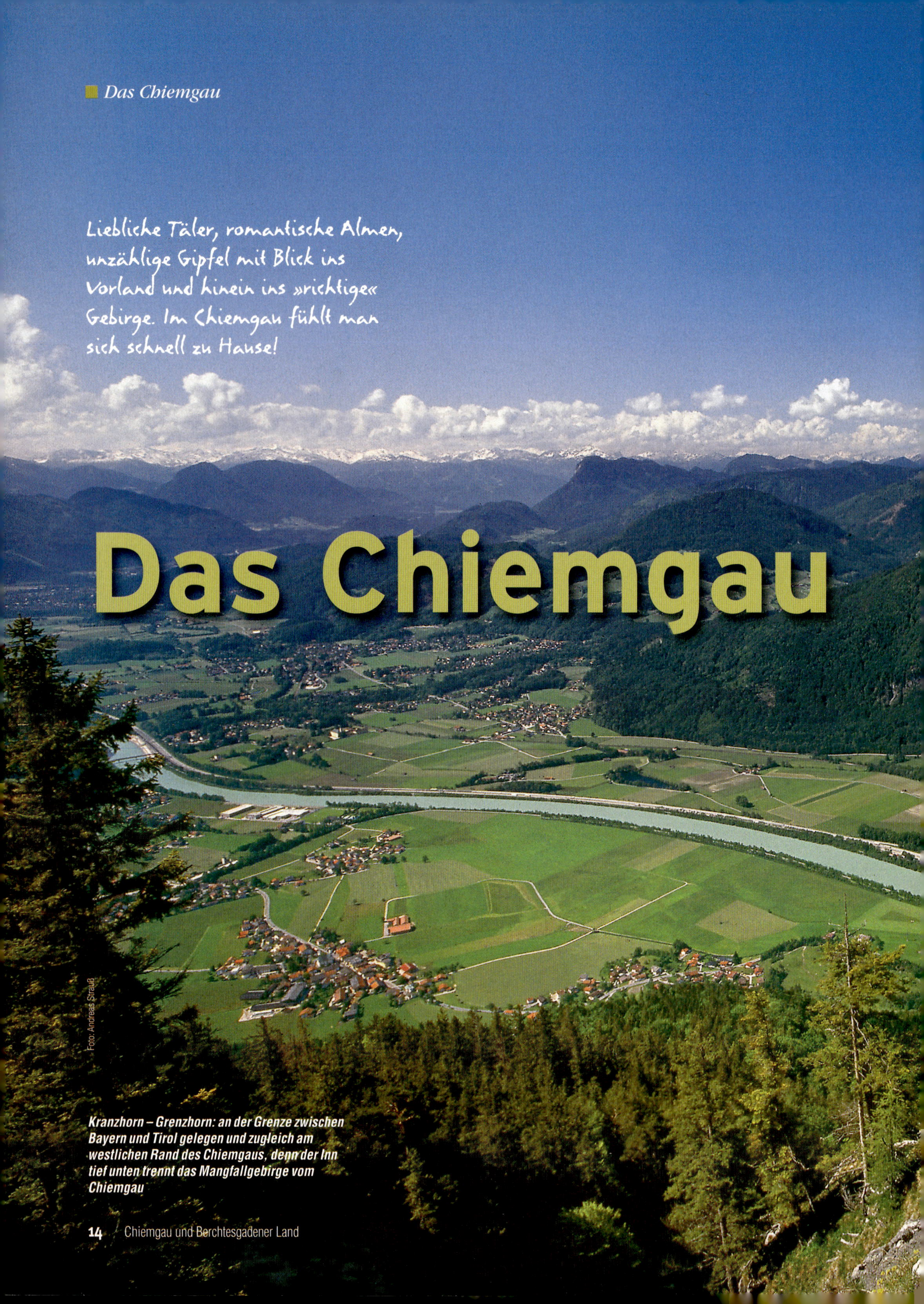

Foto: Andreas Strauß

Kranzhorn – Grenzhorn: an der Grenze zwischen Bayern und Tirol gelegen und zugleich am westlichen Rand des Chiemgaus, denn der Inn tief unten trennt das Mangfallgebirge vom Chiemgau

Die Innberge

Wanderglück zwischen Inn und Prien

Klein, aber fein sind die Wanderberge zwischen Inn und Prien. Eine grüne Gebirgskette vor den Toren Rosenheims, gut erreichbar und doch nicht überlaufen.

Wer früher mit dem Zug von München in die »Provinz« nach Rosenheim reiste und in den Rosenheimer Bahnhof einfuhr, den begrüßte die Hochries am Horizont. Eine langgestreckte, gleichmäßige Pyramide, noch ohne den Quader der Bergstation und ohne Gipfelhaus. Die Hochries ist der Hausberg der Rosenheimer und beliebtes Ziel der Münchner, damals und heute. Heute reisen die meisten Besucher des Chiemgaus über die Salzburger Autobahn an. Wenn sie am Irschenberg vom Verkehrsleitsystem an die 100 Stundenkilometer erinnert werden, öffnet sich der Blick auf das Inntal. Jenseits die Chiemgauer Berge, eine blaugrüne Kette, ein Versprechen auf baldiges Wandervergnügen.

Magnet Hochries

»Griaß di. Spät bist dro heit.« »Ja.« Auf der Sonnenterrasse des Hochrieshauses sind noch viele Plätze frei, es ist früh am Tag. Es vergehen ein paar Minuten. »Gstaut hat's.« »Ah so.«

Als das Bierglas halb leer ist: »Wo bist'n du nauf?« »Vom Doagl.« Genießerisch schauen sie ins Land hinaus. Der Blick vom Hochriesgipfel sucht seinesgleichen. Im Süden ragt der Wilde und Zahme Kaiser auf, die Kitzbüheler Berge spitzen über dem Inntal heraus. Dann das Mangfallgebirge, in dessen Scharten weit entfernte Prominenz zu sehen ist: Zugspitze, Rofan und Karwendel.

»Und du?« »Groabeck.« Schluck für Schluck trinken sie aus. »Wo bist na her?« »Schlossberg.« »Aha. I Ebersberg.« Dann packt einer der beiden seinen Pulli in den Rucksack, steht auf und meint zum Abschied: »Pfiad di, bis nächste Woch.«

Zwischen Inntal und Priental scheint vieles anders und langsamer abzulaufen als anderswo. Natürlich ist die Hochries mit der Seilbahn erschlossen, sie ist nicht nur bei Wanderern das beliebteste Ziel der Gegend, sie hat außerdem einen guten Ruf bei Drachenfliegern und Gleitschirmfliegern. Auch die Hütteninfrastruktur ist gut: drei Alpenvereinshütten und jede

Fotos: Strauß

Die Hochries ist gewiss der bekannteste Gipfel der Innberge. Von hier geht der Blick von der Kampenwand (links) bis zur Zugspitze

Gepunkteter Enzian – im Chiemgau gibt es ihn

Touren in den Innbergen

Die schönsten Gipfelziele

Heuberg (1338 m) und Wasserwand (1367 m): Schöne Wanderung auf aussichtsreichen Gipfel direkt über dem Inntal. Möglichkeit zur Erweiterung auf die felsige Wasserwand, auf kurzem versicherten Steig.
Ausgangsort: Duftbräu (790 m) bei Grainbach, Einkehrmöglichkeit. Aufstieg am Fluderbach entlang zur Daffnerwaldalm (bewirtschaftet), über den Osthang zum Heuberggipfel. 1¾ Std.

Kranzhorn (1367 m): Prächtige Alm- und Blumentour zu Aussichtskanzel über dem Inntal.
Ausgangsort: Kranzhorn-Parkplatz (880 m) bei Erl. Aufstieg über die Bubenaualm und die Kranzhornalm (bewirtschaftet), über den Osthang zum Gipfel, die letzten Meter Seilgeländer. Abstieg über Kranzhornalm – Ottenalm. 1¾ Std.

Hochries (1568 m): Der Rosenheimer Hausberg mit vielen Wegen. Wander-, Seilbahn- und Gleitschirmparadies. *Ausgangsort:* Grainbach (670 m). Aufstieg über die Mittelstation der Bahn, weiter zum Mooserboden (bewirtschaftet) und zu den Seitenalmen, zuletzt über den Südwestrücken zum Hochrieshaus am Gipfel (bewirtschaftet). 2½ Std.

Predigtstuhl (1494 m) und Klausenberg (1554 m): Ruhige, lange Rundtour über den Höhenzug zwischen Spitzstein und Abereck. Seit der Schließung der Klausenhütte noch ruhiger.
Ausgangsort: Aschau (620 m). Von Hammerbach über die Ellandalm zur Klausenhütte. Auf kurzem, aussichtsreichem Grat über Klausenberg zum Predigtstuhl. Durch den »Eiskeller« und die Straße Hofalm – Riesenhütte zum Hofalmplateau (Einkehr). Steil hinab nach Aschau. Gesamt 5¾ Std.

Spitzstein (1568 m): Nach Süden ausgerichteter Wander- und Aussichtsberg mit zahmer Süd- und wilder Nordseite. Sehr kurzer Aufstieg ab der Goglalm möglich.
Ausgangsort: Erlerberg, verschiedene Startmöglichkeiten, maximal bis Goglalm (1150 m) befahrbar, Einkehr. Kurz bis zum Spitzsteinhaus (AV-Hütte) und über den Südhang teils steil zum Gipfel mit Kapelle und Kreuz. 1½ Std.

Hütten im Gebiet

Blumenpracht am Fenster. Zu jeder Jahreszeit

Hochrieshaus, AV-Hütte, ganzjährig geöffnet, Tel. +49/(0)80 32/82 10, Aufstieg s. Hochries
Riesenhütte, AV-Hütte, im November geschlossen, Tel. +49/(0)80 52/29 21, Aufstieg von Frasdorf, 1½ Std.
Spitzsteinhaus, AV-Hütte, ganzjährig geöffnet, Tel. +43/(0)53 73/83 30, vom Erlerberg in 30 Min. weitere Hütten und Almen siehe S.38ff.

Biketouren

Samerberggrunde: Von Neubeuern von Norden über den Dandlberg und dessen Nordseite bis Steinkirchen, nun auf der Südseite über die Dandlbergalm zurück ins Tal. Kurze, einfache Tour, 2 Std., 500 Hm und knapp 20 km.
Heubergrunde: Von Nußdorf Richtung Kirchwald und über die Daffnerwaldalm und die Euzenaueralm nach Windshausen. Am Inn entlang zurück. Mittelschwer, 2 Std., 600 Hm und knapp 20 km.
Kranzhornrunde: Von Windshausen aus aufs Kranzhorn bzw. zur Kranzhornhütte (den Gipfelaufstieg zu Fuß) und über die Ottenalm und das Gehött Trockenbacher nach Erl. Am Inn zurück zum Ausgangspunkt. Mittelschwer, 2 – 3 Std., 800 Hm und 20 km.
Seilbahnberge
Hochries, Sessellift ab Grainbach, ab der Mittelstation Gondel bis knapp unter den Gipfel. www.hochriesbahn.de, Tel. +49/(0)80 32/9 75 50.

Menge Almen. Trotzdem, es gibt keine Massenveranstaltungen, keine »Events«. Stattdessen viele Wanderwege am Berg und im Tal. Allein auf die Hochries lässt sich ein halbes Dutzend finden. Schnelle Aufstiege und familienfreundliche, aussichtsreiche und ruhige. Über den »Doagl« zum Beispiel: Aus dem Hochtal Samerberg hinauf in die große Karschüssel zwischen Hochries, Karkopf und Feichteck und über Almgelände den Nordwestrücken mit den Seitenalmen hinauf. Unter dem »Geisterwandl« hindurch, der einzigen Stelle, an der man ein wenig Felsen sieht in dieser Wald- und Wiesenlandschaft. Oben im Sattel zwischen Hochries und Karkopf der Blick nach Süden. Ganz bequem geht es noch hinüber zum Gipfel.

Oder vom Doagl durch den Wald in den Sattel zwischen Feichteck und Karkopf und auf einer kleinen Himmelsleiter über den Karkopf hinüber und zur Hochries. Oder man startet in Grainbach, dem größten Ort am Samerberg. Über die Mittelstation hinauf und über das Moorgebiet Mooserboden und durch lichten Buchenwald zu den Seitenalmen. Oder man schlägt von der Mittelstation den Weg zur Riesenhütte ein und schnauft die steile Nordflanke bergauf. Oder gleich auf dem Weg, der vor etwa hundert Jahren den ersten Touristenansturm auf die Hochries prägte, von Frasdorf über die Riesenhütte zum Gipfel. Damals reisten die Tourengeher sogar mit Sonderzügen an! Deshalb entstand auch das Hochrieshaus und in den 70er-Jahren die Seilbahn. Im Winter wird so zwar immer noch zur Hochries aufgestiegen, aber nicht mehr so oft wie damals. Stattdessen wird die Riesenhütte vor allem von Wanderern und Bikern besucht, die die schöne Lage in dem Hochtal ebenso zu schätzen wissen wie den bequemen Weg und die Schmankerl, die die Wirtsleute in ihrer Küche zaubern.

Zwischen Inntal und Priental steht aber nicht nur die Hochries. Der Gebirgszug beschreibt ein großes Hufeisen, beginnend am Heuberg. Der schöne viergipflige Berg ragt über dem Inntal auf. Er wird meist von Osten erstiegen, da hier die liebliche Daffnerwaldalm eine Unterbrechung erlaubt. Im Sommer ziehen die Düfte von Grillfleisch um die Gebäude oder der Geruch von frischen Küchln. Noch ein paar Wochen vorher ist der Almboden von einem Teppich aus wilden Krokussen bedeckt. Zu einem der

Herbststimmung an Zellerwand und Zellerhorn über dem Priental

Gipfel sollte man trotz Blumenpracht und Essensdüften weitergehen: zum Heuberg, dem leichtesten mit Blick ins Inntal; oder auf die Wasserwand, einen eckigen Felskoloss, der über einen kurzen, einfachen Klettersteig erreicht wird.

Einen zweiten Wächter über dem Inn gibt es, den man besuchen muss: das Kranzhorn. Sein Name geht auf die Grenze zwischen Bayern und Tirol zurück, die direkt über den Gipfel verläuft. Ein bayerisches und ein Tiroler Kreuz machen klar, dass beide das Kranzhorn als ihren Berg sehen. Recht haben sie, denn vom Gipfelfelsen sieht man nach Tirol und Bayern gleichermaßen. Kufstein und Ebbs zur Linken, darüber der Kaiser. Gegenüber und zur Rechten das bayerische Inntal mit dem Wendelstein.

Vom Kranzhorn spannt sich der Gipfelbogen über kleinere Waldkuppen weiter zu Feichteck und Karkopf, zwei ruhigen Wanderbergen.

Der südöstliche Teil des Hufeisens wird von elf Gipfeln gebildet. Eines der schönsten Wanderziele ist der Laubenstein ganz im Norden. Nicht mehr als eine Wiesenkuppe, hat er doch den Reiz der nahen Laubensteinalmen und den Blick zur Kampenwand hinüber.

Wer der »Sache auf den Grund gehen« will, findet am Laubenstein zwei Karsthöhlen, die Laubensteinhöhle

Als Bike-Revier ist der Samerberg zu Füßen der Hochries einmalig

Fotos: Bodenbender (2), Strauß

Das Schloss Hohenaschau ist auch nach über 800 Jahren noch beherrschend im Priental

und die Schlüssellochhöhle, sowie die Grubalm-Polje. Sie ist im Volksmund als Eiskeller bekannt, weil in dem tief eingesenkten Tal ein besonderes Lokalklima herrscht mit der entsprechenden Vegetation.

Für Gipfelsammler ist die Überschreitung von Predigtstuhl, Klausenberg, Zinnenberg, Brandelberg und Spitzstein zu empfehlen. Ein schmales Weglein verbindet die Gipfel, es führt über Rücken und Almwiesen, vorbei an knorrigen Wetterfichten, durch Latschenhänge und Heidelbeersträucher und endet im Süden am Spitzstein, dem höchsten und aussichtsreichsten Berg der Kette, den man über die steile Südflanke hinaufsteigt. Am Spitzsteinhaus, etwas unter dem Gipfel, lässt man die Wanderung dann Revue passieren. Bei lokalen Spezialitäten kann man auch ausspannen oder die nächsten Ziele planen. Denn auf der anderen Seite des Prientals ragen die Chiemseeberge auf. Herüben wie drüben sollte man sich viel Zeit nehmen zum Wandern, Schauen, Leben.

Die Chiemseeberge

Bekannte Gipfel über dem Bayerischen Meer

Kampenwand, Geigelstein, Hochgern – südlich des Chiemsees erstreckt sich ein vielseitiges Paradies, ein perfektes Miteinander von Berg und See.

Das Chiemgau ohne die Kampenwand wäre wie Weißwürste ohne Brezen. Den breiten Zackenkamm mit seinen elf Gipfeln sieht man zwischen Irschenberg und Traunstein von fast jeder Position und der Wiedererkennungswert ist hoch. Höher vielleicht als die Kampenwand selbst mit ihren 1669 Metern. Aber sie steht eben in vorderster Reihe, und so ist es nicht schlimm, wenn zu den hohen Bergen etliche Höhenmeter fehlen. Ja, manch Wanderer wird froh sein, wenn er nach dem Aufstieg an der Steinlingalm oder Gorialm ankommt und feststellt, dass es jetzt nicht mehr weit ist bis zum Gipfel.

Wanderziel – Kletterberg

Mit dem »Gipfel« ist für Wanderer der Ostgipfel gemeint mit dem großen Chiemgaukreuz. Schwierig ist der Aufstieg nicht, ein Stück Drahtseil ist dennoch gespannt und man wird die Hände zu Hilfe nehmen.

Die Schwierigkeiten beginnen aber schon vorher, denn – ob man's glaubt oder nicht – nach einem beschilderten Weg sieht man sich vergebens um. Also, Augen auf und immer dem breitesten Weg nach. Vielleicht hat die fehlende Beschilderung ja auch seinen Sinn, denn mit der Kampenwandbahn kommt so mancher »Flachlandtiroler« herauf, mit glatten Schuhsohlen und falschem Ehrgeiz.

Der Weg führt durch die sogenannten Kaisersäle, einen kleinen, von Felszacken eingerahmten Kessel mit einem Altschneepfropf bis spät in den Sommer hinein und Karabinergeklimper von den Kletterern. Ganz oben wird es uns leicht gemacht. Auf einer Metalltreppe steigt man die letzten Schritte hinauf – ob's das gebraucht hat? Nun gut, schauen wir uns um: Der erste Blick ist für den Chiemsee reserviert, in dem man die drei Inseln erkennt und an schönen Sommerwochenenden vor Seglern

Kunstgenuss in der Streichenkapelle

fast kein Wasser mehr. Über die großen Moorgebiete wandert das Auge weiter zu den Chiemgaugipfeln im Osten der Kampenwand. Da gleich die Hochplatte, der ruhige Kegel, da der Hochgern jenseits des Achentals, im Süden der Geigelstein, im Westen die Gipfel der Innberge mit der Hochries natürlich, die ihre gleichmäßige Nordflanke zeigt. Dann beginnt das Berge-Bestimmen, das liebste Spiel der Bergsteiger. Noch vor der Brotzeit. Ja, man sieht das Karwendel, auch die Zillertaler Alpen, die Kitzbüheler sowieso, und die Krone ist das Kaisergebirge. Einen kleinen Ausschnitt Hohe Tauern erhascht man, bevor die Lofe-

Fotos: Strauß

Die kleine Kapelle am Hochgern-gipfel – eines der beliebtesten Wanderziele über dem Chiemsee

rer Steinberge den Rest abdecken, auch manche Berchtesgadener Gipfel; und an klaren Tagen taucht weit, weit draußen der Bayerische Wald auf und im rechten Winkel dazu der Fernsehturm in München.

Der letzte prüfende Blick geht hinunter zu den Hütten, die den Fuß der Kampenwand säumen. Ist noch ein Tisch frei? Manchmal lohnt es sich auch den Kopf in den Nacken zu legen und den Gleitschirmfliegern zuzuschauen. Die Kampenwand ist nicht nur ein Berg für Ausflügler, die auf dem Panoramaweg zwischen Bergstation und Steinlingalm spazieren, für Wanderer, Bergsteiger und Biker, sondern genauso für Gleitschirmflieger und für Kletterer.

Vor gut hundert Jahren setzte der »Run« auf die Gipfel ein, zunächst um überhaupt eine Kletterroute zum jeweiligen Zacken zu finden. Noch vor dem Ersten Weltkrieg aber spielte auch die Schwierigkeit bereits eine Rolle. Die ersten Routen am Gmelchturm und am Nordgipfel wurden begangen in den Schwierigkeiten IV bis V. In den 30er-Jahren kamen technische Klettereien dazu, die vielleicht wichtigste das »Gelbe U« (VI+/A1, frei VIII+/IX–) von Göttner, Eidenschink, Baumann. Der überhängende Wandabschluss mit seinem intensiv gelben Gestein ist ein Klassiker, der noch immer begangen wird. Auch sind im Kampenwandgebiet neue Sektoren dazugekommen. In rauem Fels, modern abgesichert und mit genauso kurzem Zustieg wie die Klassiker, entsprechen sie ganz dem Zeitgeist und sind entsprechend beliebt.

Im umstrittenen Naturschutzgebiet

Vom Kampenwandgipfel hat man bereits hinüber gesehen zum Geigelstein. Er ist der höchste der Chiemsee-

Relikte aus den Eiszeiten sind die Moorgebiete zwischen Chiemsee und Gebirge

berge. Die »Nutzungsmöglichkeiten« könnten noch vielfältiger sein als an der Kampenwand: Wandern, Biken, Skifahren, Tourengehen, Sommer- und Winterrodelbahn, Gleitschirmfliegen, Wasserkraftwerk… Doch der Geigelstein hat sich anders entwickelt. Als die Pläne zur Erschließung des Geigelstein-Breitenstein-Gebiets Gestalt annahmen, kam die Frage auf, ob ein Berg auch immer »genutzt« werden muss. Es regte sich erheblicher Widerstand, denn seit es Wanderer und Naturbegeisterte gibt, ist der Geigelstein als Chiemgauer Blumenberg bekannt, einst soll es dort sogar Edelweiß gegeben haben!

Klassiker zu Recht: Klettern an der Kampenwand; am Gmelchturm (unten) und beim Abseilen über die Südwand des Westgipfels

Fotos: Strauß

Aus dem Widerstand formte sich eine Bürgerinitiative und erkämpfte bis 1991 das Naturschutzgebiet. Pläne zur Erschließung sind damit hinfällig, Wandern und Skitouren stehen im Vordergrund. Weniger vielfältig ist der Geigelstein aber nicht. Was an Infrastruktur nicht errichtet wurde, macht die Blumenvielfalt wett. In den Feuchtwiesen wachsen diverse Orchideen und das Wollgras schaukelt seine buschigen Köpfe im Wind. Auf den trockenen, kargen Matten blitzen die blauen Sterne des Enzians aus dem Grün. Katzenpfötchen und wilder Thymian blühen dort, am Rossalmplateau Felder des Ungarischen Enzians. Entlang der schattigen Bachläufe verstecken sich seltene Orchideenrispen im hohen Gras. Manche entdeckt man nur, weil sie so intensiv duften, dass man unwillkürlich stehen bleibt und schaut, woher die Wohlgerüche kommen mögen. Kurz, mit den Pflanzen im Naturschutzgebiet könnte man seitenlange Listen füllen! Und das Schöne ist, man muss keinen Meter vom Weg abweichen, nur etwas mehr Zeit einplanen.

Zu manchen Zeiten darf man auch gar nicht vom Weg abweichen, denn es gibt nicht nur seltene Pflanzen, sondern auch vom Aussterben bedrohte Tierarten. Ein besonderer Schutz gilt den Raufußhühnern, die hier ein Rückzugsgebiet haben. Im Sommer und Herbst sind sie aber so gut getarnt und so scheu, dass man sie fast nie zu Gesicht bekommt. Dann schon eher das Steinadlerpärchen, das sein riesiges Revier abfliegt und manchmal über dem Naturschutzgebiet kreist.

Gut, dass mit der Priener Hütte eine Unterkunft zur Verfügung steht, so dass es nicht beim Tagesausflug bleiben muss. Für reichlich Gipfel ist gesorgt: Geigelstein und Breitenstein, Weitlahner und Karspitze, Wandberg, Karkopf und Rudersburg, bereits dem Walchseebecken zugewandt.

Wer nach der Priener Hütte an Hüttenübernachtungen Gefallen gefunden hat, wird im Hochgern ein geeignetes Ziel haben. Hochgern und Hochfelln sind die zwei beliebtesten Gipfel östlich des Achentals. Von Marquartstein, von Unterwössen, von Staudach, von Bergen oder von Ruhpolding spannt sich ein Netz von Wanderwegen über das Gipfelpaar aus. Auf den zwei »Wanderautobahnen« geht es hoch her. An einem klaren Oktobersonntag fühlt man sich beim Aufstieg von Marquartstein zum Hochgernhaus sicher nicht einsam. Das Unterkunftshaus mit Blick auf den Talkessel von Unterwössen ist eben zu einfach zu erreichen. Von hier ist es nur noch eine Stunde zum Gipfel, schwierig wird es nirgends.

Wanderautobahnen und ruhige Wege

Die Kurzbeschreibung zum Hochfellngipfel liest sich ähnlich: Aufstieg von Steinberg, unschwieriger Weg, ähnlich wie am Hochgern gleich mehrere Einkehrmöglichkeiten. Am Hochgern ist es das Kreuz und eine Miniaturkapelle, am Hochfelln das Hochfellnhaus, die Bergstation, ein wenig Richtung Norden auf einem Felsabsatz ein Gipfelkreuz und am Gipfel selbst eine große Kapelle.

Gerade die Berge östlich des Achentals bieten aber auch sehr viele ruhige Wanderungen. Ein Blick auf eine Wanderkarte reicht oft, um Geheimtipps selbst auszukundschaften.

Das Rezept für einen gelungenen Tag ist einfach: Man steuert einen der Gipfel an, um in der Aussicht zu schwelgen. Wenn einem der Sinn nach Chiemseeblick steht, sollte es einer in der nördlichen Reihe sein. Wenn ein klarer Herbsttag angesagt ist, empfiehlt sich ein Gipfel mit Blick auf die Zentralalpen. Dann würzen Sie mit einer Alm – traumhaft gelegen sind viele bewirtschaftet, mit ein bisschen Glück gibt es frische Milch und Käse von den Almkühen. Wenn nun noch ein See in der Nähe liegt, zum Beispiel der Taubensee, oder wenn eine Bergkapelle verzeichnet ist, kann nichts mehr schief gehen. Sollte es sich gar um die Streichenkapelle handeln, liegt ein kulturelles Muss auf dem Weg. Sie vereint prächtige Lage mit wirklichem Kunstgenuss.

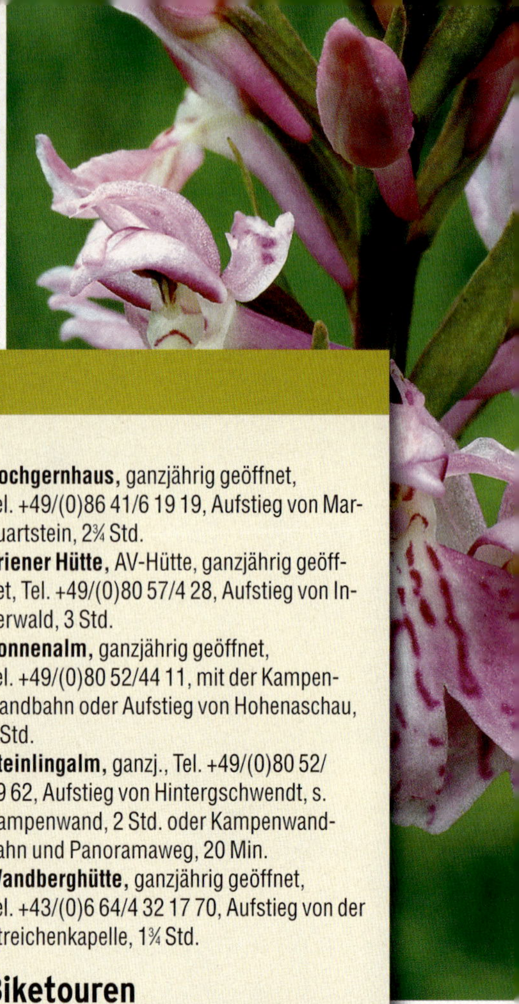

Touren in den Chiemseebergen

Die schönsten Gipfelziele

Kampenwand (1664 m): Der prominenteste Gipfel der Chiemgauer Berge ist gar nicht so einfach zu besteigen, zum großen Chiemgaukreuz am Ostgipfel führt von der Steinlingalm ein felsiger Steig, der teils sogar versichert ist. *Ausgangsort:* Hintergschwendt (826 m), Gasthaus, östlich von Aschau. Aufstieg über Forststraßen zum Sultensattel und weiter zur Steinlingalm (bewirtschaftet). Von hier Steig durch die Nordflanke zum Gipfel. 2½ Std. Alternativ Auffahrt mit der Kampenwandbahn von Aschau, Höhenweg zur Steinlingalm und weiter Gipfel. 1 Std.

Sulten (1473 m): Wiesenberg der Kampenwand direkt gegenüber. Einfache Aussichtswanderung. *Ausgangsort:* Hintergschwendt (826 m), östlich von Aschau. Aufstieg über Forststraßen zum Sultensattel und auf Steig zum Gipfel. 1½ Std.

Hochplatte (1587 m): Ruhige, unschwere Alternative zur Kampenwand. Nach Osten dieser vorgelagert. Schöne Aussicht über den Chiemsee und das Alpenvorland. *Ausgangsort:* Hochplattenbahn bei Niederndorf (620 m). Aufstieg oder Auffahrt zur Staffnalm (bewirtschaftet) und auf Forstwegen in den Sattel nördlich der Hochplatte, über Steig zum runden Gipfel. 2½ Std.

Friedenrath (1432 m): Felsiger Balkon im Osten der Kampenwand. Auf schmalem Grat zu ruhigem Gipfel. *Ausgangsort* und Aufstieg wie Hochplatte, vom Sattel auf Steig zum Friedenrath. 2½ Std.

Geigelstein (1808 m): Höchster Gipfel in den Chiemseebergen. Bekannt als Blumenberg und daher seit 1991 als Naturschutzgebiet Geigelstein ausgewiesen. Bester Aussichtsberg. *Ausgangsort:* Hüttenparkplatz zwischen Innerwald und Sachrang (738 m). Aufstieg über die Priener Hütte (AV-Hütte) und über die Oberkaseralm und den Nordrücken zum Gipfel mit Kreuz und Kapelle. Alternativ vom Parkplatz über Schreckalm und Sulzingalm zur Oberkaseralm. 4 Std.

Wandberg (1454 m): Einfaches Wanderziel ganz im Süden über dem Walchsee. *Ausgangsort:* Schöne Aussicht (1000 m), Gasthaus, von Walchsee erreichbar. Aufstieg über die Wandbergalm (bewirtschaftet) und den Ostrücken zum Wiesengipfel. 1¾ Std.

Hochgern (1748 m): Einer der beliebtesten Wanderberge im Chiemgau, einfacher Anstieg von Marquartstein mit einigen Einkehren und einem schönen Gipfel mit Miniaturkapelle. *Ausgangsort:* Marquartstein (546 m). Auf Forstweg zur Agergschwendtalm (bewirtschaftet) und weiter über Enzianstüberl und Hochgernhaus (beide bewirtschaftet) zum Sattel zwischen Hochlerch und Hochgern, von Westen zum Gipfel. 3½ Std.

Hochfelln (1674 m): Kurze Wanderung auf gut erschlossenen Gipfel, viele Einkehrmöglichkeiten locken. *Ausgangsort:* Steinbergalm (1000 m), Gasthaus, westlich von Ruhpolding. Von der Steinbergalm über die Bründlingalm (bewirtschaftet) in den Sattel östlich des Gipfels, über den Osthang zum Gipfel mit Hochfellnhaus (bewirtschaftet), großer Kapelle und prima Aussicht. 2½ Std.

Taubensee (1140 m): Abwechslungsreiche Wanderung ohne Gipfel. Auf historischem Steig zu geheimnisvollem Waldsee und naher Einkehr. *Ausgangsort:* Parkplatz der Streichenkapelle, östlich von Ettenhausen. Über die Chiemhauser Alm (bewirtschaftet) und den Kroatensteig zum Taubensee und weiter zum Taubenseehaus (bewirtschaftet). 1¾ Std.

Kohlröschen

Hütten im Gebiet

Hochfelln-Gipfelhaus, ganzjährig geöffnet, Tel. +49/(0)1 70/3 23 29 26, Aufstieg von Steinbergalm, s. Hochfelln

Hochgernhaus, ganzjährig geöffnet, Tel. +49/(0)86 41/6 19 19, Aufstieg von Marquartstein, 2¾ Std.

Priener Hütte, AV-Hütte, ganzjährig geöffnet, Tel. +49/(0)80 57/4 28, Aufstieg von Innerwald, 3 Std.

Sonnenalm, ganzjährig geöffnet, Tel. +49/(0)80 52/44 11, mit der Kampenwandbahn oder Aufstieg von Hohenaschau, 2 Std.

Steinlingalm, ganzj., Tel. +49/(0)80 52/29 62, Aufstieg von Hintergschwendt, s. Kampenwand, 2 Std. oder Kampenwandbahn und Panoramaweg, 20 Min.

Wandberghütte, ganzjährig geöffnet, Tel. +43/(0)6 64/4 32 17 70, Aufstieg von der Streichenkapelle, 1¾ Std.

Biketouren

Priener Hütte: Vom Walchsee über die Ottenalm zur Priener Hütte, von hier über die Wandberghütte, Rettenbacher Alm und Feistenau zur Schönen Aussicht. Über Rettenschöß hinunter nach Walchsee. Mittelschwer, 3 Std., 900 Hm und 25 km.

Brünndlingalm: Von Bergen zur Mittelstation der Hochfellnbahn und weiter zur Brünndlingalm. Hinab über die Mittelstation und die Gleichenbergalm ins Weißachental. Direkt oder auch über Pattenberg zurück nach Bergen. Mittelschwer, 2–3 Std., gut 900 Hm und 20 km.

Wege am Wasser

Schmugglerweg von Schleching nach Kössen,an der Wallfahrtskirche Klobenstein vorbei, direkt über dem sehenswerten Durchbruch der Tiroler Ache in der Entenlochklamm, auf Hängebrücke zur Wallfahrtskirche und zur Einkehr. 1 Std. ab Schleching zum Klobenstein.

Seilbahnberge

Kampenwand: mit der Kampenwandbahn ab Aschau; Info unter Tel. +49/(0)80 52/44 11, www.kampenwandbahn.de

Hochplatte: bis zur Staffnalm Hochplattenbahn, Tel. +49/(0)86 41/69 95 59

Hochfelln: Seilbahn ab Bergen, www.hochfellnseilbahn.de, Tel. +49/(0)86 62/81 89.

Krokus am Heuberg

Knabenkraut am Geigelstein

Balzender Birkhahn

Fotos: Strauß

Die Ruhpoldinger Berge

Wo die Chiemgauer am höchsten sind

Sonnengeflutete Felswände über einem romantischen Kar: das Ostertal unter der Hörndlwand

Die wilden Wanderberge um den bedeutendsten Fremdenverkehrsort im Chiemgau bieten ungeahnte Möglichkeiten: wandern und Kunst am Berg, biken, Museenbesuch und vieles mehr.

Das beste Verständnis für das Wesen der Ruhpoldinger Berge und die Menschen, die hier früher das Tal besiedelten, erhält man im Museum. Gemeint ist das Holzknechtmuseum in der Laubau südlich von Ruhpolding. Auf interessante und einprägsame Weise wird dort vom Leben der ehemaligen Holzknechte erzählt, von ihrer täglichen Arbeit, den Unterkünften, den Gefahren und vom Wald, ihrer Arbeitsstätte.

Tritt man nach dem Besuch ins Freie, fühlt man sich plötzlich mitten drin in dieser vergangenen Welt. Und an diesem Eindruck wird sich auch nach vielen Tagen in den Bergen südlich von Ruhpolding nichts ändern.

Bären im bayerischen Kanada

Zu sehen gibt es viel, am besten ist man zu Fuß unterwegs oder in den langen Tälern mit dem Rad. Klassisches Revier der Wanderer ist die Hörndlwand. Wie es ihr Name schon verrät, hat das Hörndl einen Felsaufbau. 250 Meter Höhe weist die Ostwand auf, hier ist Platz genug für eine Menge an Klettertouren. Trotz des langen Zustiegs von über einer Stunde wird an der Hörndlwand noch immer geklettert. Die Felsqualität ist eben gut und die Landschaftseindrücke sind auch nicht ohne. Ob man sich nun im großen wilden Ostertal bewegt oder über den steilen Steig an der Hörndlalm vorbei von Norden auf den Gipfel begibt, man wird auch als Wanderer etwas vom rauen Charme der Hörndlwand spüren. Für Gipfelsammler lohnt sich der kurze Abstecher zum Gurnwandkopf, der mit der Hörndlwand gemeinsam den Hochkienberg bildet.

Für Biker hat die Hörndlwand ebenfalls ihre Reize. Allerdings nicht als Gipfel, sondern als Mittelpunkt einer schönen Radlrunde. Sie startet in Ruhpolding, geht an der Urschlauer Achen entlang nach Urschlau, knickt bald einmal nach Süden ab und trifft hier auf das schöne Moorgebiet Röthelmoos mit seinen Einkehrmöglichkeiten. Dann läuft es von selbst hinab zum Weitsee an der Alpenstraße. Bis in den Frühsommer hinein liegt in dem Tal oft noch der Schnee, hier verläuft im Winter eine der schneesichersten Loipen. Kein Wunder, dass man den Talabschnitt schon als bayerisches Kanada bezeichnet hat. An den vier Seen Weitsee, Mittersee, Lödensee und Förchensee radelt man vorbei bis nach Ruhpolding.

Der lange Gebirgszug, den man ab dem Weitsee rechts liegen lässt, ist eine der wildesten Gegenden im Chiemgau. Namen wie »Wilde Hausgräben« und »Adlerkopf« deuten es an. Und ein Blick genügt, um sich gut vorstellen zu können, dass Bayerns letzter Bär bei Ruhpolding erlegt wurde. Nur einmal ergibt sich eine Lücke in der schluchtdurchzogenen Waldlandschaft. Der Fischbach hat sich tief eingegraben und rauscht in einigen Steilstufen aus dem Heutal hinunter in die Seetraun. Ein breiter Weg geht von Laubau ins hinterste Tal und führt als Klammsteig am sehenswer-

Fotos: Strauß

Adams Hand, acht Meter hoch, weist vom Rauschberg nach Rom

Touren in den Ruhpoldinger Bergen

Die schönsten Gipfelziele

Hörndlwand (1684 m) und Gurnwandkopf (1691 m): Zwei interessante Gipfelziele über der Seenkette des Weitseegebiets. Vor allem die Hörndlwand ist bekanntes Kletterziel. Am schönsten ist der Aufstieg durchs weite Ostertal.
Ausgangsort: Seehaus (750 m), Gasthaus, zwischen Reit im Winkl und Ruhpolding. Über die Branderalm (bewirtschaftet) und das Ostertal ins Wiesenplateau zwischen beiden Gipfeln, auf Steigen zu den höchsten Punkten. 2½ bzw. 3 Std.

Vorderer und Hinterer Rauschberg (1645 m) und (1671 m): Hausberg über Ruhpolding, mit Seilbahn, Sender und Kunstmeile erschlossen, aber auch ruhige Wanderwege vorhanden.
Ausgangsort: Laubau (690 m) südlich von Ruhpolding. Aufstieg über die Sackgrabenalm zum Rauschberghaus (bewirtschaftet) direkt am Vorderen Rauschberg. Querung zum Hinteren Rauschberg. Abstiegsmöglichkeit über die Kaitlalm (bewirtschaftet) und an der Schwarzachen zurück. 3¼ Std. zum Vorderen Rauschberg.

Dürrnbachhorn (1776 m): Wanderberg über der berühmten Winklmoosalm. Schöner Aussichtsberg Richtung Berchtesgadener Alpen.
Ausgangsort: Seegatterl (764 m), zwischen Reit im Winkl und Ruhpolding. Aufstieg über die Winklmoosalm und die Dürrnbachalm zum Südwestrücken und weiter zum Gipfel. Überschreitung nach Osten möglich. 3¼ Std.

Sonntagshorn (1961 m): Der höchste Chiemgauer Gipfel ist ein sehr empfehlenswertes Wanderziel. Der hohe Ausgangspunkt und die Einkehr machen ihn zum Ziel für – fast – jeden Wanderer. Schönes Almgelände und tolle Sicht auf die Berchtesgadener Berge.
Ausgangsort: Heutalsattel (996 m) westlich von Unken. Aufstieg zur Jausenstation Hochalm und über den großen Südhang zum Gipfel. 3 Std.

Hütten im Gebiet

Hochalm, ganzjährig geöffnet, Tel. +43/(0)6 64/ 4 53 36 66, Aufstieg von der Heutalstraße, 1½ Std.
Rauschberghaus, ganzjährig geöffnet, Tel. +49/(0)86 63/41 81 03, Aufstieg s. Rauschberg

Biketouren

Hörndlwandrunde: Von Ruhpolding startend Richtung Brand und weiter ins Urschlauer Tal. Über das Röthelmoos nach Süden zur Verbindungsstraße Reit im Winkl/Ruhpolding, an Weitsee, Mitter- und Lödensee vorbei und talauswärts bis Ruhpolding. Kurze, einfache Tour. Gut 2 Std., 300 Hm und knapp 30 km.

Schwarzbergklamm und Winklmoosalm: Vom Heutal über Unken immer am Unkenbach entlang zur Schwarzbergklamm und weiter zur Winklmoosalm. Kurz am Fischbach entlang, dann über Moarlack zurück. Einfach, 2 Std., 650 Hm und gut 20 km.

Ums Sonntagshorn: Von Laubau südlich von Ruhpolding an der Schwarzache entlang zur Kaitelalm und über die Hiental-Diensthütte nach Weißbach. Entweder westlich auf Forststraßen oder östlich auf der Straße um das Ristfeuchthorn herum zum Steinpass. Weiter nach Unken, hinauf ins Heutal und am Fischbach entlang (Schiebestrecke) zurück nach Laubau. Schwierig und anstrengend. 5 – 6 Std., 1500 Hm und 45 km.

Am Weißbach

Wege am Wasser

Fischbachfall: Schöner Wanderweg von Laubau ins Heutal, Highlights sind der Staubfall und der Fischbachfall
Schwarzbachklamm/Unkenbachtal: Breiter Weg am Unkenbach entlang bis zur Schwarzbachklamm, hier jedoch kein Steig mehr. Auch mit Bike empfehlenswert.
Schwarzachen: Von Weißbach entlang auf einer ehemaligen Bahnstrecke zur Bäckinger Klause und weiter zu zwei schönen Almen: Harbacheralm und Pichleralm (beide bewirtschaftet)
Weißbachklamm: sehr schöner Klammsteig direkt am Bach entlang, zwischen Schneizlreuth und Weißbach

Seilbahnberge

Dürrnbachhorn: Sessellift von der Winklmoosalm, bis hierher Mautstraße und Bus, Tel. +49/(0)86 40/89 86
Rauschberg: Von Ruhpolding mit der Rauschbergbahn, Tel. +49/(0)86 63/59 45.

Panorama pur gibt es am Gipfel der Hörndlwand. Es reicht von den Gletschern der Zentralalpen bis zur Felskulisse des Wilden Kaisers (rechts)

ten Staubfall und am Fischbachfall entlang bis hinauf ins liebliche Wiesengelände des Heutals. Allein dieser Kontrast lohnt den Weg. Befahren – und oben »beschoben« – wird er auch von vielen Bikern, weil man nämlich rund ums Sonntagshorn eine schöne, wenn auch anstrengende Runde fahren kann. Der Weg am Fischbach entlang ist dabei übrigens die einzige längere Schiebestrecke.

Knechte, Gäste und der höchste Gipfel

Die Gipfel, die diese wilde Bärenlandschaft bilden, sind wohl bekannte Chiemgauberge: Dürrnbachhorn, Wildalphorn, Sonntagshorn. So unwegsam sie von der Ruhpoldinger Seite sind, so schöne Wanderberge sind sie von ihrer Südseite. Mit der Winklmoosalm im Westen und dem Heutal von Osten herauf gibt es zwei hohe Ausgangsorte, die Wandern in den Ruhpoldinger Bergen zu einem richtigen Vergnügen machen – voraussetzt, dass man nicht als menschenscheuer Einzelgänger an einem Schönwettersonntag um die Mittagszeit unterwegs ist.

Am Dürrnbachhorn kann man es sich sogar ganz leicht machen und einige Höhenmeter mit dem Lift zurücklegen. Aber auch das Sonntagshorn, der höchste Berg in den Chiemgauern, ist vom Heutalsattel allenfalls für Ungeübte eine Konditionsfrage: gute 900 Höhenmeter, unterbrochen von einer Rast auf der Hochalm.

Zurück zu den Holzknechten: Wer nicht als Holzknecht schuftete, fand Arbeit in der Erzgewinnung und -verarbeitung. Nach modernen Gesichtspunkten war die Erzförderung mitten im Gebirge zwar vermutlich nie wirtschaftlich. Aber von Lohnnebenkosten und ähnlichem wurde damals noch nicht gesprochen, zu Zeiten der Erzgewinnung im Ruhpoldinger Tal war das Chiemgau ein »Billiglohnland« und der Rauschberg somit ein wichtiger Montanstandort. Frühe Reiseschriftsteller berichten von einem völlig durchlöcherten Rauschberg, Gruben und Stollen ohne Ende. Doch die Förderung hatte ein Ende, lange bevor die Touristen kamen. Wer heute auf den Rauschberg wandert oder mit der Bahn hinauffährt, findet keine Bergarbeiter mehr. Ungewöhnlich ist der Berg aber noch immer: Die Ruhpoldinger haben hier heroben eine Kunstmeile eingerichtet mit einer ganzen Reihe von modernen Kunstobjekten. Das Auffälligste dürfte »Adams Hand« sein, die als acht Meter hohe Silhouette vom Kamm aus nach Rom weist.

Die Gäste reisten anfangs übrigens ausnahmslos mit dem Zug in Ruhpolding an, und zwar von Berlin. Dort hatte Anfang der 30er-Jahre ein findiger Reiseunternehmer Ruhpolding als das oberbayerische Klischee ausgemacht und seinen Ruf als Ferienort begründet. Die Ruhpoldinger selbst freuten sich auf die Besucher und nahmen es sicher auch damals schon mit Gleichmut auf, wenn die Gäste den Namen ihres schönen Orts auf der zweiten Silbe betonten, statt auf der ersten.

Fotos: Strauß

Fellhorn und Steinplatte

Die österreichischen Chiemgauer

Fellhorn, Steinplatte & Co stehen als südlich vorgeschobene Gipfel schon in Tirol. Sie bieten Blumenwiesen, Kletterwände und den schönsten Aussichtsbalkon auf die Loferer Steinberge.

Gleich hinter Reit im Winkl weht die rot-weiß-rote Fahne. »Mir können gar net bis zum Straubinger Haus gehen, mir ham keine Schilling dabei!«, protestiert der Wanderer im Scherz bei seiner Begleiterin. Naja, immerhin muss sie so lachen, dass eine kurze Verschnaufpause herausspringt.

Straubinger Haus unterm Fellhorn

Ein ernsthaftes »Schillingproblem« gab es vermutlich auch damals nicht, als wir wirklich noch in Schilling und Mark zahlten. Das ist Vergangenheit und jetzt gibt es keine Ausreden mehr für den Aufstieg zum Straubinger Haus, das genauso wie die größeren Gipfel der Südlichen Chiemgauer Berge auf österreichischer Seite steht. Der Weg ist bequem, man kann sogar von Reit im Winkl bis zum Ziel nebeneinander wandern, wenn man sich für den Anstieg auf der Straße entscheidet. Das Haus selbst befindet sich auf einer großen kuppigen Almfläche, der Eggenalm, – fast mag man sagen, es thront.

Gute Gründe für die Wanderung hier herauf gibt es viele, der wichtigste heißt »Aussicht«. Die Chiemgauer Berge geben sich zwar überwiegend waldig und wenig markant aus dieser Perspektive. Wirklich sehenswert sind aber der Wilde und der Zahme Kaiser, zwei felsige Bastionen im milchigen Grün der Täler. »Ainer kaiserlichen Cron gleich« heißt es in einer frühen Beschreibung des Kaisergebirges und so sieht der Gebirgsstock von der Eggenalm auch aus.

Das lohnende Gipfelziel vom Haus ist das Fellhorn, eine Wiesenrampe auf der Nordseite mit einem steilen Abhang nach Süden, wo Schrofen und Wald innerhalb von zwei Kilometern Luftlinie in 1100 Höhenmetern bis nach Erpfendorf abbrechen. Mit dieser charakteristischen Form nimmt das Fellhorn etwas vorweg, was uns an der Steinplatte ein paar Kilometer weiter wieder begegnen wird.

Alpenglühen am Straubinger Haus, eine der besten Adressen für eindrucksvolle Blicke zum Wilden Kaiser

Fotos: Strauß

Südfranzösisches Kletterflair an der Steinplatte vor den Loferer Steinbergen, die bereits spätherbstlich verschneit sind

Touren, Touren, Touren...

Die schönsten Gipfelziele

Fellhorn (1765 m): Nach Süden vorgeschobener Aussichtsgipfel über dem Straubinger Haus. *Ausgangsort:* Reit im Winkl (695 m), Aufstieg über die Hemmersuppenalmen (bewirtschaftet) zum Straubinger Haus (bewirtschaftet) und nach Süden zum Fellhorn, 4 Std. Oder vom Ende der Mautstraße Steinplatte an der Stallenalm (1374 m), über die Durchkaseralm und den Eggenalmkogel zum Straubinger Haus und weiter zum Fellhorn. 2½ Std.

Steinplatte (1869 m): Einfacher Spaziergang durch das Liftgelände auf der Nordseite. *Ausgangsort:* Ende der Mautstraße Steinplatte an der Stallenalm (1374 m). Von hier auf bequemer Straße bis kurz vor den Gipfel, zuletzt auf einem Fußweg zum höchsten Punkt. 1¼ Std.

Grubhörndl (1747 m): Kurze Bergwanderung hoch über Lofer zu einer Aussichtskanzel auf die Loferer und Berchtesgadener Berge. *Ausgangsort:* Loferer Alm (1385 m), Einkehr, erreichbar von Lofer (Mautstraße oder Lift). Aufstieg über Almgelände von der Westseite zum Gipfel. 1 Std.

Hütten im Gebiet

Straubinger Haus, AV-Hütte, Mai – Oktober geöffnet, Tel. +43/(0)53 75/64 29, Aufstieg von Reit im Winkl, 3½ Std.

Gertraud in der Sonne, privat, Tel. +43/(0)65 88/73 03, Lift und Mautstraße von Lofer.

Klettersteig

Schuastaganglsteig: auf der Südseite der Steinplatte, schwierig, Gesamtzeitbedarf ca. 3 Std. *Ausgangsort:* Stallenalm (1374 m).

Biketouren

Fellhorn: Vom Seegatterl über das Hindenburghaus zum Straubinger Haus. Hier evtl. zu Fuß zum Fellhorn, dann über die Klausenbergalm nach Reit im Winkl und wieder hinauf nach Seegatterl. Mittelschwer, 3 Std., 1100 Hm und gut 30 km.

Seilbahnberge

Steinplatte, mit verschiedenen Liften, www.steinplatte.co.at, Tel. +43/(0)53 53/5 33 00

Loferer Alm, Gondel von Lofer bis Loderbichl, August u. September täglich, sonst Di, Do, Fr, So; Tel. +43/(0)65 88/8 45 00, www.ski-lofer.at

Ein schlichtes Gipfelkreuz, weiß-blauer Himmel und Blick auf die Loferer Steinberge. Am Fellhorn

Fast unmöglich ist es, für diesen schönen Gipfel eine »beste Zeit« zu nennen. Der Herbst einerseits, wenn die Luft klar wird und die Lärchen in dem großen Gelände zwischen Fellhorn und Steinplatte goldgelb leuchten.

Nicht weniger attraktiv ist aber das Frühjahr. Ein bunter Blütenteppich liegt dann über den Almflächen und je nach Höhenlage zaubert die Natur etwas Anderes hervor.

Scheut man den vierstündigen Aufstieg aus dem »Gold-Rosi-Dorf« Reit im Winkl über die Hemmersuppenalmen, kann man auch von der Südseite auf der Mautstraße bis zur Stallenalm zwischen Fellhorn und Steinplatte fahren und auf dem Höhenweg zum Straubinger Haus und weiter zum Gipfel wandern.

Kurzärmlige Träume an der Steinplatte

Vom Parkplatz Stallenalm ist es aber auch nicht mehr weit zur Steinplatte. Dolomitenflair: Sonnenbeschienene Felswände, selbst im Winterhalbjahr, stehen bei Kletterern hoch im Kurs, kleingriffiges Gestein, kurzärmlige Träume vom Tanz an senkrechten Wandfluchten. Die Steinplatte ist ein Berg für Kletterer und für Skifahrer. Ein Berg mit zwei Gesichtern. Auf der Nordseite reichen die Lifte bis auf Gipfelhöhe. Im Winter wird hier gecarvt, was das Zeug hält. Im Sommer dafür gibt es zwar einige Spaziergänger, die sich für 400 Höhenmeter Straße bis ganz hinauf entscheiden, der an unberührter Natur interessierte Wanderer macht aber meist einen Bogen um das Pistengebiet Steinplatte.

Das andere Gesicht der Steinplatte, der steinige Teil sozusagen, ist die Südseite. Mit seinen bis zu 150 Meter hohen senkrechten Mauern liegt hier das Revier der Kletterer. In den meisten der 300 Routen geht es richtig zur Sache, denn die Südwände sind senkrecht und die Klettereien kleingriffig. Den Schwierigkeiten sind daher – fast – keine Grenze gesetzt, außer natürlich durch das persönliche Können. An der Steinplatte findet auch der »Zehnerkletterer« noch die passende Route. Und das Potenzial dieser Wand nutzt inzwischen auch der »Schuastaganglsteig«. Der als schwierig eingestufte Klettersteig führt ebenfalls durch die Südwand der Steinplatte. Er ist zwar sehr kurz, aber stellt natürlich eine gewisse Herausforderung dar und lässt auch den Nicht-Kletterer das Steinplatten-Feeling erleben. Warum also nicht!

In »Spuckweite« sind die Berchtesgadener Berge bereits, wenn man dem Kammverlauf der Steinplatte bis ganz in den Osten folgt. Ein paar schöne Ziele für gemütliche Wanderungen liegen hier als Erhebungen über der Loferer Alm. Früher war die Loferer Alm das Weidegebiet für die Loferer Bauern. Hier gibt es mehr Wiesenfläche als unten im Talgrund. Die Bedeutung als Ausflugsziel überwiegt aber längst. Im Sommer weiden natürlich noch immer die Kühe und Kälber hier heroben, aber an schönen Tagen ist die Zahl der zweibeinigen »Sommerfrischler« sicher größer als die der vierbeinigen. Ihre Ziele heißen Grubhörndl und Dietrichshorn oder auch: Einkehr im Haus Gertraud.

Allen Gipfeln in den Südlichen Chiemgauern ist aber eines gemeinsam: Der Blick geht nach Süden. Die Loferer Steinberge mit ihren wilden Felslandschaften und den markanten Bändern ragen gleich über dem Strubtal auf, im Westen die »kaiserliche Cron«, im Osten bereits die Berchtesgadener Alpen.

Foto: Strauß

Aber auch die Steinernen Jäger verlangen konzentriertes Steigen

Die Reichenhaller Berge

Felsige Gipfel hoch über der Salzstadt

Nur noch ein schmaler Kamm in den östlichsten Chiemgauern sind Zwiesel und Hochstaufen. Die felsigen Berge über Reichenhall geben schon den Vorgeschmack auf Berchtesgaden.

Seit nunmehr fünf Jahren gibt es auf den Hochstaufen nur noch einen einzigen Weg und nicht mehr vier wie bisher. Wegsperrungen? Felssturz? Jagdgebiet? Nein. Nur der Pidinger Klettersteig, der 2003 durch die Nordwand des östlichsten Chiemgauer Gipfels eröffnet wurde und seitdem alle Gedanken und Gespräche beherrscht. Geradeso als gäbe es keinen anderen Weg mehr zum Hochstaufen.

Viele Wege zum Hochstaufen

Der Pidinger Klettersteig ist Deutschlands anspruchsvollstes Felsenkind und der einzige waschechte Klettersteig im bayerischen Teil der Chiemgauer Alpen. Natürlich fehlt der Blick auf hunderte von Dolomitenzacken, kein Glitzern des Lago di Garda, keine tausend Meter senkrechter Kalk, kein zentralalpines Gletscherknacken zur Rechten und zur Linken.

Aber: 700 stolze Höhenmeter vom Einstieg bis zum Gipfel, wo der Steig auf das Wiesengelände unterhalb des Kreuzes mündet. Schöne Felswände, über die das Drahtseil meist ziemlich stangengerade hinaufführt, so dass

Foto: Garnweidner

Beherztes Zupacken ist am Pidinger Klettersteig am Hochstaufen gefragt

Verdiente Gipfelrast am Hochstaufen mit Blick quer über die Chiemgauer Berge (unten)

1100 Klettermeter zusammenkommen. Tiefblicke aufs Alpenvorland und an klaren Herbsttagen bis zum Bayerischen Wald. Und oben die bekannten heimatlichen Berge rundum. Zum Greifen nah das Reichenhaller Haus. Brotzeit oder Kuchen, bayerisches Bier auf der Terrasse, die scheinbar über Reichenhall schwebt, so nah sind die Häuser an den Berg herangerückt.

Unterschätzen darf man den Pidinger Klettersteig also nicht, auch wenn er in den Voralpen liegt und nur auf 1771 Meter hinaufgeht. Dass zwischen den wirklichen Klettersteigpassagen ein paar Gehstrecken liegen und man sich im unteren Teil auch einmal erdige Schuhsohlen holt, das ließ sich bei der Streckenführung einfach nicht vermeiden. Und – keine Angst – oben wird es felsig genug, übersichert ist der Pidinger auch nicht, man hat viel Felskontakt und wenig Eisentritte. Und viel, viel Luft unter den Sohlen. Speziell die Gipfelwand hat es in sich, hier sind die meisten Ferratisten schon ein wenig müde und gerade dann wird es nochmals schwierig.

Vor 2003 existierten am Hochstaufen aber auch schon Wege: von Norden, Osten, Westen und Süden gibt es die Möglichkeit aufzusteigen. Der einfachste Weg beginnt in der alten Salzstadt Reichenhall und überwindet 1100 Höhenmeter Südflanke. Dabei mag es manchem Bergsteiger wie psychologische Kriegsführung vorkommen, was der Berg hier mit uns macht: Schon am Ausgangsort, gleich nach der Padinger Alm, sieht man das Reichenhaller Haus, so als wäre es gar nicht weit. Dann werden aber drei Stunden Aufstieg daraus. Wenn die Sonne sich zeigt und sich über Mittag in der großen, geschützten Südflanke austobt, werden es schweißtreibende Stunden. So müssen sich die Salinenarbeiter gefühlt haben, wenn bei 109° C die Sole in den Sudpfannen eindampfte. So viel Limo, Schorle und Bier kann sich der Hüttenwirt gar nicht herauffliegen lassen, wie man sich dann wünscht.

Der andere Weg von der Padinger Alm geht von Osten an den Staufen heran und kommt über die Steinernen Jager hinauf. Kürzer ist er nicht, egal ob man von Reichenhall oder Piding startet, aber deutlich schwieriger. Die Steinernen Jager sind nämlich der Sage nach zwei gotteslästernde Jäger, die vom Teufel in Stein verwandelt wurden. Und über diese Felsen hinweg geht der Steig.

Gutmütiges Wiesengelände bietet aber auch der Weg von Norden nicht oder doch zumindest nur ein einziges Mal: an der Steineralm. Unterhalb durchquert man Wald und wenig über dem schönen Almboden setzt bereits das kühle Grau der Felsen und Schrofen der Nordwand an. Abgesehen vom Pidinger Klettersteig durchqueren einige alpine Kletterrouten und der Wanderweg diese Flanke.

Der vierte und letzte Weg kommt von Westen herüber vom Zwiesel. Den Namen Klettersteig verdient er eigentlich nicht, auch wenn einiges an Drahtseil die schwierigeren Stellen im Kammverlauf gangbar macht. Für trittsichere Bergsteiger, die an dem für die Voralpen so typischen Schrofengelände Gefallen finden, ist er aber eine lohnende Verbindung zwischen den zwei höchsten Gipfeln, und als Dreingabe gibt es sogar den Mittelstaufen, über den der Steig auch noch führt.

Badekur und Pfeifenrauchen

Kaiserlicher Tabakspfeifenträger muss ein wunderbarer Beruf sein, vor allem wenn man während seiner Arbeitszeit zum Bergsteigen gehen darf. Schade eigentlich, dass diese guten alten Zeiten vorbei sind. Reichenhall genoss im 19. Jahrhundert den Ruf als mondäner Kurort und daher war es nur logisch, dass auch die kaiserliche Familie hier zum Aufenthalt weilte. Natürlich kam man nicht als »Kassenpatient« und so waren auch extravagante Ausflüge in der Kur möglich. Zum Beispiel, dass der Kronprinz Wilhelm sich von Pferden und weiter oben dann von acht Sänftenträgern auf den Zwiesel schleppen ließ. Um auch auf dem höchsten Gipfel nicht auf die herrschaftlichen Standards verzichten zu müssen, trug ein eigener Tabakspfeifenträger eine Kollektion von sieben Pfeifen hinauf. Das Kaiser-Wilhelm-Haus (auch Zwieselalm) auf der Zwiesel-Südseite erinnert an diesen Besuch des Kronprinzen.

Wer heute von Jochberg den Waldweg zum Kaiser-Wilhelm-Haus hinaufsteigt, wird allerdings froh sein, dass er auf eigenen Beinen gehen darf, mit einem komfortablen Reitweg hat der Steig nichts gemein. Und erst recht von der Zwieselalm weiter durch Latschen und über kleine Felsstufen ins Wiesengelände unter Zennokopf und Zwiesel! Muss das ein Geschaukel gewesen sein in der Sänfte!

Um den Gipfelblick bei schönem Wetter kann man seine Hoheit im Nachhinein noch beneiden. Aber auch den genießen wir lieber in frischer Bergluft, ohne Tabakqualm. Und so rühmlich ging Wilhelms »Karriere« als Kaiser ja auch nicht weiter…

Lieber doch an einem Herbsttag ohne Sänfte und Tabak zum Zwiesel wandern und statt am preußisch-kaiserlichen Kaiser-Wilhelm-Haus an der königlich-bayerischen Zwieselalm einkehren! ■

Touren in den Reichenhaller Bergen

Die schönsten Gipfelziele

Zwiesel (1782 m) und Zennokopf (1756 m): Höchster Gipfel der Staufengruppe mit sonnigem Anstieg und großer Aussicht.
Ausgangsort: Jochberg (880 m) nordöstlich von Weißbach. Durch die bewaldete Südflanke hinauf zur Zwieselalm (bewirtschaftet) und über den Gipfel des Zennokopfs hinauf zum Gipfel. 2½ Std.

Hochstaufen (1771 m): Östlichster Chiemgaugipfel mit dem Reichenhaller Haus knapp unterm höchsten Punkt. Drei schöne Bergtouren und ein Klettersteig führen zum Hochstaufen.
Ausgangsort: Padinger Alm (667 m) nördlich von Bad Reichenhall. Aufstieg durch die Südflanke über Bartlmahd in die Scharte zwischen Staufen und Zwiesel, zum Haus und auf den Gipfel. 3¼ Std.
Oder schwieriger auf ausgesetztem Steig über die »Steinernen Jager« und den Ostgrat zum Haus. 3½ Std.
Von Norden: Ausgangsort am Wanderparkplatz Adlgaß (790 m) östlich von Inzell. Über den Frillensee und auf einem Rücken über der Steineralm zum teils versicherten Steig auf der Nordseite des Staufen und zum Gipfel. 3½ Std.
Oder: Ausgangsort Urwies (523 m) bei Piding. Aufstieg über Forststraßen zur Steineralm (bewirtschaftet) und ebenfalls auf dem Steig von Norden zum Gipfel. 3½ Std.

Hütten im Gebiet

Reichenhaller Haus, AV-Hütte, Mai – Oktober geöffnet, Tel. +49/(0)86 51/55 66, Aufstieg s. Hochstaufen

Foto: Strauß

Willkommen am Aussichtsbankerl über Inzell! An der Kohleralm beim Aufstieg zum Zwiesel

Klettersteig

Pidinger Klettersteig: Sehr populärer Klettersteig auf den Hochstaufen. *Ausgangsort:* Urwies (523 m) bei Piding. Noch vor der Steineralm Abzweigung zum Klettersteigbeginn auf 1070 m. *Kletterhöhe:* ca. 700 m. *Schwierigkeit:* sehr schwierig, vor allem die Gipfelwand. Für den Klettersteig: 3 Std.

Biketouren

Staufenrunde: Von Zwing oder von Inzell nach Einsiedl und zum Frillensee. Weiter zur Steineralm und über die Mairalm nach Piding zur Staufenbrücke. Nach Bad Reichenhall und über Bartlmahd und Jochberg zur Alpenstraße. Zurück nach Inzell/Zwing. Schwierig, 3 – 4 Std., knapp 1200 Hm und 40 km.

Feriendreieck

Reit im Winkl - Inzell - Ruhpolding

...in den bayerischen Alpen

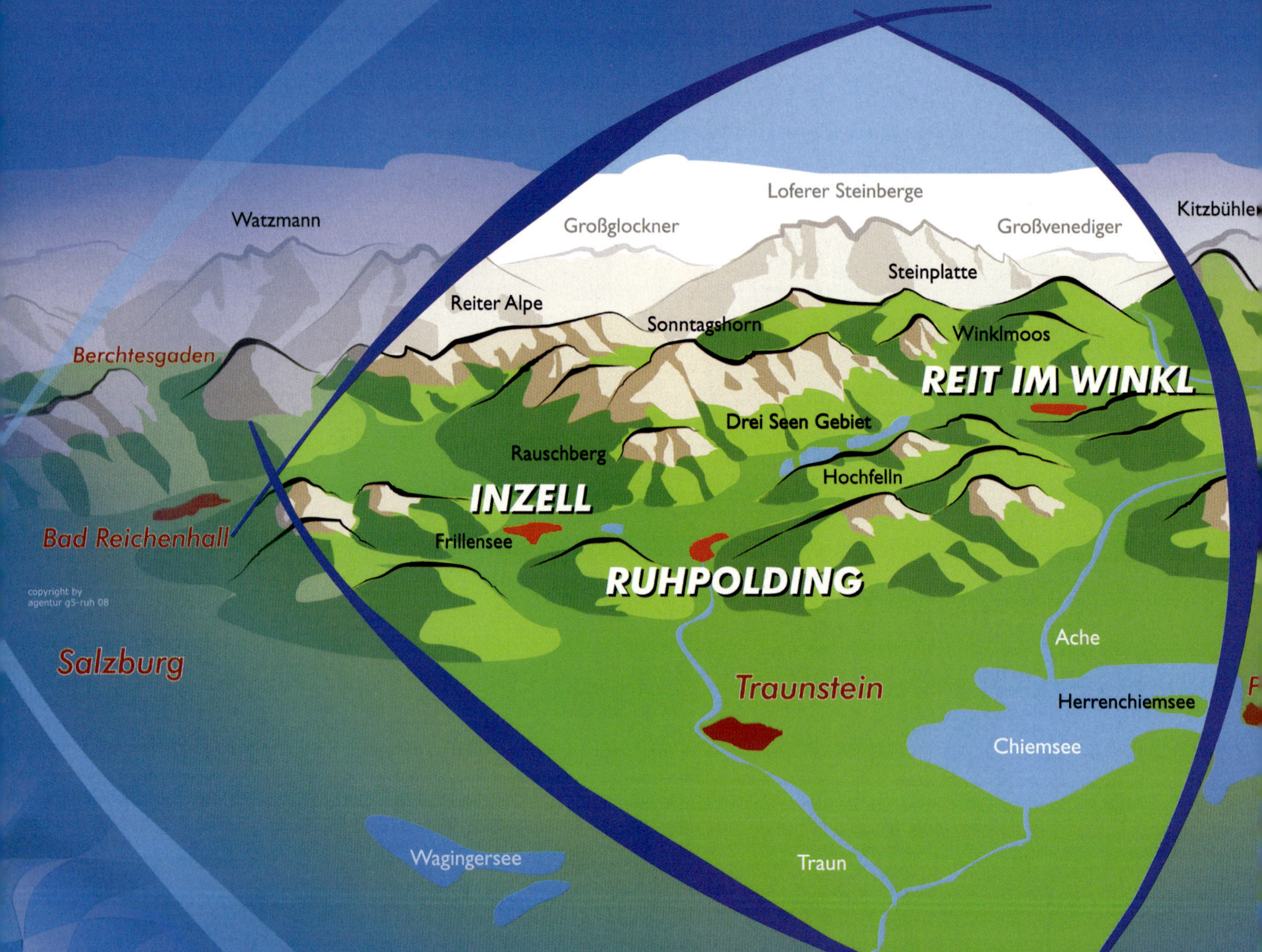

- 400km Wanderwege, 30 Gipfeltouren, 80km Nordic Walking Strecken, 35 bewirtschaftete Almhütten, geführte Themenwanderungen
- 200km Mountainbiketouren, 100km leichte Radtouren, geführte Biketouren
- 3 Freibäder, 3 Hallenbäder, 4 Badeseen, zahlreiche Gebirgsbäche und Seen
- 2x Freizeit- & Erlebnis Park, Holzknechtmuseum, Barfußpark, Kinderprogramme, Naturlehrpfad, u.v.m.

Foto: Strauß

Es ist eine uralte Kulturlandschaft am Fuße der Chiemgauer Berge – an den Ufern des Chiemsees siedelten schon in der Frühzeit Menschen, und seitdem haben sie dort ihre Spuren in Form von Kirchen, Klöstern und Schlössern hinterlassen.

Unterwegs im Alpenvorland

Der See,

Das Kloster der Benediktinerinnen hat der Fraueninsel nicht nur den Namen gegeben, sondern auch den mächtigen Münsterturm und den schönen Klostergarten

die Schlösser und die Klöster

Zwei Seen sind es, die die meisten Besucher im Raum Chiemgau und Berchtesgaden anziehen. Der eine – der Königssee mit der Wallfahrtskirche St. Bartholomä – liegt im Herzen der Berchtesgadener Alpen. Der andere – der Chiemsee – wird auch das »Bayerische Meer« genannt und ist ein Stück weit den Bergen vorgelagert. Wer in die Chiemgauer oder Berchtesgadener Alpen will, kommt zwingend an ihm vorbei – dank der Autobahn auch um ihn herum. Scheinbar, denn im Herzen wird man um den Chiemsee nicht herumkommen, ohne ihn immer wieder zu besuchen.

Der Chiemsee

Etwa 80 Quadratkilometer macht seine Wasserfläche aus, was ihn auch zum »Bayerischen Meer« befördert hat. Kaum groß genug kann man die Bedeutung des Chiemsees für die Region einschätzen. Schon in der Frühzeit waren die Ufer des Chiemsees bevorzugte Siedlungsflächen, und im frühen Mittelalter stand ein Graf namens Chiemmi, der am Nordufer des Sees herrschte, mit seinem Namen Pate für unser »Bayerisches Meer«. Nach dem Chiemsee wurden schließlich das Chiemgau und die Chiemgauer Alpen benannt.

Die marmorne Schwelle des Münsters ist glanzpoliert, in der Mitte ist sie von der jahrhundertelangen Benutzung abgewetzt und um einige Zentimeter tiefer. Dabei werden die ältesten Teile des Münsterportals auf der Fraueninsel »nur« auf das 11. Jahr-

Fotos: Strauß

Das Schloss Herrenchiemsee mit den prächtigen Gartenanlagen war als zweites Versailles geplant (links). Von außen völlig unscheinbar gibt sich dagegen die kleine Urschallinger Kirche (unten). Im Inneren ist sie ein Prachtstück mit Fresken aus dem 12. Jahrhundert – zeitlos schön wie die Rosen im Klostergarten auf Frauenchiemsee (unten links)

hundert datiert. In der Irmengardkapelle in der Ostapsis lagern die deutlich älteren Gebeine der Seligen Irmengard, die im Jahr 866 gestorben sein soll. Als Urenkelin Karls des Großen war sie die »zweite Gründerin« des Klosters auf der Fraueninsel. Das Benediktinerinnenkloster ist somit das älteste in Deutschland. Als kulturelles Zentrum war es tonangebend, als großer Grundherr bis hinein in die entlegenen Bergtäler und sogar bis ins Etschtal hinunter hatte es auch wirtschaftliche Macht, und je nach Herkunft und Persönlichkeit der Äbtissin war es sogar ein politischer Faktor. Deutlich größer als die Fraueninsel ist die Herreninsel. Anfangs verläuft ihre Geschichte ganz ähnlich zur Fraueninsel: herüben ein Frauenkloster, drüben ein Männerkloster, auch wenn das Augustiner-Chorherrenstift auf eine noch längere Geschichte zurückblickt. Im frühen 7. Jahrhundert sollen irische Mönche hier ein erstes Kloster errichtet haben.

1803 kommt ein großer Einschnitt. Mit der Säkularisation werden beide

Klöster aufgelöst. Die Klosterschwestern erwirken sich jedoch ein Bleiberecht, und Jahre später sogar eine Wiedereröffnung des Klosters, während die Herreninsel an das bayerische Königshaus geht. 1878 lässt König Ludwig II. das Schloss Herrenchiemsee auf der Herreninsel errichten. Als zweites Versailles ist es geplant, noch prunkvoller und noch großzügiger. Nach kurzer Bauzeit allerdings geht dem Märchenkönig das Geld aus, Herrenchiemsee bleibt ein Rohbau. Die meisten Besucher stört das heute nicht. Die Gartenanlagen sind prächtig, die Fassade stilvoll, die Insellage voller Flair, der alte Baumbestand lädt zu romantischen Spaziergängen ein. Was stört es da, dass man die Schlossführung durch kahle Gänge beschließt?

Der Chiemsee besteht natürlich nicht aus Frauen- und Herreninsel. Auch die Orte am Ufer sind besuchenswert, die Radtour rund um den See ist längst kein Geheimtipp mehr, und wer den schönsten Blick vom Chiemsee auf die Berge sucht, wird vermutlich einige Zeit brauchen – einfach, weil sich von jedem Uferabschnitt andere Blicke auftun. Sind es von Norden die Kampenwand, Hochgern und Hochfelln, die die Kulisse bilden, so ziehen vom Ostufer die Hochries und die Berge um den Wendelstein jenseits des Inns den Blick auf sich. Steht man am Westufer, so erblickt man an klaren Tagen sowohl die komplette vordere Reihe der östlichen Chiemgauer Berge wie auch die prominenteren Salzkammergutberge bis zum Höllengebirge.

Wer sich für das Voralpenland mehr Zeit nimmt, wird neben dem Chiemsee eine Reihe weiterer Seen entdecken können: die Eggstätt-Hemhofer Seenplatte nördlich des Chiemsees etwa, den Simssee und den Waginger See, zwei beliebte Badeseen nicht nur für Besucher aus den umliegenden Orten.

Schlösser und Burgen

So wie der Chiemsee nicht der einzige See im Chiemgau ist, so ist auch das

Viel zu sehen gibt es nicht nur am Chiemsee: Auch das Kloster Höglwörth zu Füßen des Hochstaufen (oben), das Kloster Seeon am gleichnamigen See (ganz links) und die Burganlage von Marzoll (links) sind einen Besuch wert

Fotos: Strauß (2), TV Berchtesgaden (1)

Schloss Herrenchiemsee nicht das einzige Schloss. Die unscheinbarste Anlage unter dem Dutzend Schlössern und Burgen ist Schloss Wildenwarth am Westufer des Chiemsees. Selbst wer direkt daran vorbeifährt, wird es kaum beachten, denn es ist nicht zu besichtigen und daher der Weg dorthin nicht ausgeschildert. Ein Schloss wie aus dem Bilderbuch und auch weithin sichtbar ist Schloss Hohenaschau. Weiße Fassade, rote Fensterläden, die Lage hoch oben auf dem Burgberg am Eingang des Prientals, genau dort, wo die Kampenwand zur einen Seite und das Zellerhorn zur anderen den Durchgang verengen und das breite Tal der Prien zum schmalen Gebirgstal wird – in Aschau sieht man auf den ersten Blick, dass die Besitzer dieser Anlage ihre Macht und ihren Verteidigungswillen demonstrieren wollten. Der Gang durch den Ahnensaal mit seinen zwölf überlebensgroßen Ritterfiguren bestätigt den Eindruck.

Das schönste Chiemgau-Schloss jedoch steht in Amerang, nordwestlich des Chiemsees. Lieblich-heiter möchte man es beschreiben, italienisch leicht, ein wenig verspielt. Der Eindruck kommt nicht von ungefähr. Hanns Warmund von der Leiter, der die ehemalige Burg in ein Renaissance-Schloss umbauen ließ, stammt aus dem Veroneser Adelsgeschlecht der Scaliger. Nachdem die Familie wegen politischer Intrigen von Verona nach Bayern fliehen musste, übersetzte sie ihren Namen in ein »von der Leiter« und ließ sich schließlich in Amerang nieder.

Wer eine Bergtour in Berchtesgaden mit der Besichtigung eines Schlosses verbinden will oder für einen Schlechtwettertag Programm sucht, kann direkt im Ort Berchtesgaden das Wittelsbacher Schloss besuchen, das im 19. Jahrhundert aus dem ehemaligen Klosterstift der Berchtesgadener Fürstenpröpste entstand. Die Burganlage Staufeneck, die dem Hochstaufenstock nordöstlich vorgelagert ist und einst die Ebene von Piding und das Saalachtal Richtung Bad Reichenhall bewachte, ist allerdings in Privatbesitz und nur von außen zu besichtigen.

Zwiebelturmromantik

Vierfach ist die Zwiebel zu sehen: Eine Doppelzwiebel bildet den Turm der Klosterkirche und eine weitere Doppelzwiebel spiegelt sich in der glatten Wasserfläche. Dazu das Hellrot und Cremefarbene der Fassade und ein weiß-blau bayerischer Himmel. Hier hat das Alpenvorland besondere Reize. Das wusste schon Ludwig I., der Anger mit seiner weithin sichtbaren Kirche als das schönste Dorf Bayerns lobte. Sicher nicht nur, weil dort seinerzeit die schöne Lola Montez weilte! Nicht weit von Anger liegt das Kloster Höglwörth an einem kleinen See und verbreitet mit seinem schön geschwungenen Turm oberbayerische Zwiebelturmromantik. Kirchlich-klösterliche Kunstschätze gibt es am

Erst die Messe, dann der Biergarten – viele Trachtenfeste im Chiemgau und in Berchtesgaden laden zum Besuch! Genauso gibt es aber auch Traditionsgaststätten wie die »Linde« auf der Fraueninsel

DIE KULTURELLEN TOP TEN IM ALPENVORLAND

1 Fraueninsel
Klosteranlage (nur von außen zu besichtigen) und Münster sind beherrschend, sehr empfehlenswert auch die karolingische Torhalle mit Ausstellungsstücken aus der Agilolfinger- und Karolingerzeit. Mitte Mai bis Oktober, 11.00 – 17.00 Uhr geöffnet, Tel. +49/(0)80 54/72 56

2 Herrenchiemsee
Am bekanntesten ist das Schloss Herrenchiemsee von Ludwig II. als bayerisches Versailles mit Spiegelsaal und Gartenanlagen mit wunderbaren Brunnen. www.schloesser-bayern.de, Tel. +49/(0)80 51/6 88 70; außerdem ist das Alte Schloss zu besichtigen, wo 1948 das Grundgesetz ausgearbeitet wurde.

3 Schloss Amerang
Sehenswerter Renaissance-Arkadenhof, gotische Schlosskapelle und Innenräume mit Kunstgegenständen aus verschiedenen Epochen. www.schloss-amerang.de, Tel. +49/(0)80 57/9 19 20

4 Kloster Seeon
Teile des ehemaligen Benediktinerklosters können besichtigt werden, viele Konzerte, Ausstellungen etc. www.kloster-seeon.de, Tel. +49/(0)86 24/89 70

5 St. Jakob in Urschalling
Romanische Kirche südlich von Prien

6 St. Jakob in Rabenden
Sehenswerter gotischer Schnitzaltar südwestlich von Trostberg

7 Schloss Hohenaschau
Weitläufige Schlossanlage mit Gebäudeteilen aus dem Mittelalter, sehenswerter Ahnensaal. www.aschau.de, Tel. +49/(0)80 52/ 90 49 37, Führungen Mai bis September, Di – Fr 9.30, 10.30, 11.30 Uhr, im April und Oktober nur donnerstags

8 Rosenheim
Max-Josefs-Platz im Inn-Salzach-Stil mit Arkadengängen, Pfarrkirche St. Nikolaus im neugotischen Stil, hochkarätige Ausstellungen in der ehemaligen Lokomotivenremise »Lokschuppen«

9 Traunstein
Schöne Kleinstadt mit Bergblick, besonders empfehlenswert am Ostermontag mit dem großen Georgiritt

10 Wasserburg
Von einer Innschleife fest umschlossene Altstadt mit vielen liebenswerten Gassen, Erkern und Laubengängen

Rand der Chiemgauer und Berchtesgadener Berge in fast jedem Ort zu entdecken. Wer im Vorland auf Kulturreise geht, sollte neben den beiden schon erwähnten Klöstern Frauenchiemsee und Höglwörth zwei weitere keinesfalls versäumen: Seeon und Baumburg. Beide liegen sie im Norden des Chiemsees, so dass sich ein Besuch gut miteinander verbinden lässt.

Seeon – wie es der Name schon sagt – war ursprünglich auf einer Insel im kleinen Seeoner See errichtet. Doch das ist nun schon gut tausend Jahre her, der See ist zunehmend verlandet, so dass der Inselcharakter verloren gegangen ist. Geblieben ist die schöne Lage am See, die beiden gedrungenen Türme der Kirche St. Lambert und das Wissen, dass Mozart hier manchmal weilte und komponierte. Von der Lieblichkeit des ehemaligen Klosters Seeon ist in Baumburg südlich von Trostberg nichts zu bemerken. Auf einem Höhenrücken zwischen Alz und Traun thronend wird die Basilika als wichtigstes Rokoko-Gebäude weit und breit gerühmt. Gemeinsam mit dem Rondell der Klosterbauten samt Bräustube, Gutshof und Weiher ist sie ein abgeschlossenes Ensemble, ein Stückchen heile Welt.

Wer nach so viel klösterlichem Prunk zwei versteckte Kleinode entdecken und dazu echten Kunstgenuss erleben will, sollte die Dorfkirche St. Jakob in Rabenden nördlich von Seeon besuchen. Ein sehr schöner gotischer Schnitzaltar mit den drei Figuren Jakobus, Simon und Thaddäus wartet hier. Oder man besucht den Heiligen Jakob am Westufer des Chiemsees: in der Kirche St. Jakobus in Urschalling. Sie stammt aus der Romanik und ist reich mit romanischen und gotischen Fresken ausgestattet, eine richtige Bilderbibel, die die Wände des kleinen Kirchleins ziert. Mit ihren siebzehn Metern ist sie die kleinste der hier genannten Kirchen – aber mir die liebste. ■

Viel Dynamik! Bei den Wasserspielen auf Herrenchiemsee und beim alljährlichen Schwertertanz in Traunstein

Fotos: Strauß (3)

Sie sind ein Stück bäuerliche Kultur in den Alpen, sie erzählen vom harten Leben der Bergbauern und sie sind beliebte Wanderziele für Familien – Almen sind aus den Voralpen nicht wegzudenken.

AUF DER DA

Almen im Chiemgau

Foto: Strauß

Ein paar karge Wiesen, aber eine traumhafte Lage direkt unter den Felszacken der Hörndlwand: die Hörndlalm

ALM, GIBT'S KOA SÜND

und in den Berchtesgadener Alpen

»Frische Milch« steht auf dem Schild – und das stimmt tatsächlich. Vor wenigen Minuten erst ging die Stalltüre auf, und im Wiegeschritt wanderten die Kühe nach dem abendlichen Melken zurück auf die Weide. Ob man als Almgast nun die noch kuhwarme Milch möchte oder lieber die im Brunnenwasser gekühlte von heute Morgen, ist Geschmackssache. Nutzen sollte man dieses Angebot aber jedenfalls, denn wo sonst kann man Milchprodukte so frisch genießen! Und außerdem gibt es in den Chiemgauer und Berchtesgadener Bergen nicht mehr viele Almen, die mit Milchkühen »bestoßen« werden.

Die Fischunkelalm am Berchtesgadener Obersee ist eine von ihnen. Schon ihre Lage könnte ungewöhnlicher nicht sein: Der fjordartig eingeschnittene Königssee und seine wenige Meter höher liegende Verlängerung, der Obersee, erlauben keinen direkten Zugang zur Almfläche. Im Frühjahr werden die Tiere daher auf Boote verladen und über den Königssee zu ihrer Sommerweide gebracht. Im Herbst dann beim »Almabtrieb« verläuft die Reise in umgekehrter Richtung. Auch den »Almabtrieb« muss man an der Fischunkelalm und der nahe gelegenen Saletalm am Königssee in Anführungszeichen setzen, denn die Almen liegen hier mit ihren 620 bzw. 613 Höhenmetern tiefer als der heimatliche Hof, während es überall sonst genau entgegengesetzt ist und das Vieh zur Alm hinaufgebracht wird. Ob es diesen Sonderfall im Alpenraum nochmals gibt? Ob Fischunkelalm und Saletalm gar ein »globaler Sonderfall« sind?

An den schönsten Flecken

Viele unserer Almen wurden in ausgesucht schöner Lage errichtet. Die Fischunkelalm ist da keine Ausnahme – eine liebliche Wiesenterrasse, eine kleine Kuppe, ein Bach nebenan oder sogar ein Bergsee in der Nähe. Kein Wunder also, dass Almen seit dem Einsetzen des Tourismus im Alpenraum zu den bevorzugten Zielen gehören. Ursprünglich entstanden sie jedoch aus harter wirtschaftlicher Notwendigkeit. Denn die Weideflächen im Tal waren im Alpenraum ohne moderne Bodenverbesserung zu karg, um das Vieh zwölf Monate im Jahr ernähren zu können. Die Bergbauern wichen daher für die Sommermonate auf Flächen in höherer Lage

Die Fischunkelalm am Ufer des Obersees; für die Kühe gibt's frische Gräser, für die Menschen Watzmannblicke

aus. In Berchtesgaden liegen die Almweiden teils so hoch, dass sie bereits über der Waldgrenze liegen und die aufwändige Rodung entfiel. Im Chiemgau dagegen stand vor der Nutzung erst das Fällen des Bergwaldes an. Auch heute zählt es nach wie vor zu den Aufgaben der Almerer, die Weideflächen von Gebüsch, Unkraut und Disteln sowie von jungen Bäumen freizuhalten. Ohne dieses sogenannte »Schwenden« würden die Weideflächen verbuschen und schließlich wieder zu Wald werden. Die schönsten Wiesenlandschaften in den Voralpen würden damit ihren Charme verlieren. Subventionen sollen heute diesen Aufwand zumindest ein wenig entlohnen.

Almwirtschaft heißt noch immer »Arbeit von früh bis spät« – mit den Tieren oder beim Buttern (an der Hefteralm)

Unter Geigelstein, Kampenwand und Hochplatte

Zum Oberkaser sehen wir von der Hofbauernalm nicht ganz hinüber, aber der schonste Aufstieg zu dieser Alm ist gut einzusehen. Durch das wilde Hainbachtal wandert man hinauf in den Sattel der Dalsenalmen, steigt über Blumenwiesen zum Weitlahner auf, überquert die Roßalm, deren alter Name »Tauron« auf eine Alm aus der Römerzeit hinweist, und sieht schließlich knapp unterhalb des Geigelsteins den Oberkaser in der Almmulde westlich des Gipfels. Das Naturschutzgebiet Geigelstein, in dem man sich bei dieser Paradetour bewegt, vereint wunderbare Blumenpracht mit einem aussichtsreichen Gipfelerlebnis: Der Geigelstein ist der höchste Punkt im westlichen Chiemgau. Der Blick schweift hier über fast alle Chiemgaugipfel, über die Berchtesgadener und Loferer Berge, zum Kaisergebirge und übers Inntal hinweg in die Zentralalpen.

Im Vergleich zur langen Wanderung von Hainbach zum Oberkaser ist der Aufstieg zur Hofbauernalm »Almwandern light«. Wer mag, kann nämlich mit der Kampenwandbahn von Aschau bis auf 1450 Meter hinauffahren und steigt nach wenigen Minuten Aufstieg zur Einkehr ab. Der Abstieg zur Alm zeigt im oberen Abschnitt, dass die Chiemgauer Berge mehr sind als Wald und Weiden, nämlich auch Felszacken und Schrofenwände. Die Gewichtung jedoch stellt klar – wir sind in den eher lieblichen Voralpen. Auch die Hofbauernalm zeigt dies: Auf einem Wiesenabsatz auf 1380 Meter gelegen schaut das Gebäude nach Süden, auf die Hänge des latschigen Weitlahner zu. Trotz dieser Traumlage ist sie eine der ruhigeren Einkehren im Kampenwandgebiet. Die Nordseite des Berges weist im Gegensatz dazu mit Möslarnalm, Sonnenalm, Schlechtenbergalm, Gorialm und Steinlingalm eine Auswahl an Einkehrmöglichkeiten auf, wie sie im Chiemgau Seltenheit hat.

»Ich will auch Kaiserschmarrn. Mit Hackfleisch«, fordert der Knirps vor der Theke von seiner Mama. Bis sie an der Reihe sind mit ihrer Bestellung, hat Mama es geschafft, den Wunsch auf Kaiserschmarrn mit Erdbeermilch abzuändern. Die Hefteralm zu Füßen der Hochplatte östlich der Kampenwand ist vor allem für Kinder stets einen Besuch wert. Hinter der Alm gibt es einen Bach und um das große Gebäude herum jede Menge Entdeckungen zu machen: drei Geißen, ein Dutzend Hühner, zwei Katzen, Pferde, Kühe…

Zudem ist die Alm leicht zu erreichen, ein einstündiger Spaziergang, der für die ganze Familie machbar ist. Wer noch Kraft hat, kann natürlich weiterwandern und hat mit Großstaffn und Hochplatte zwei richtige Wandergipfel, mit dem Aufstieg zum Friedenrath, der zwischen beiden aufragt, sogar ein ziemlich exklusives Bergerlebnis, denn der Steig auf seinen höchsten Punkt ist nur spärlich markiert, verläuft oben auf einem ausgesetzten Grat und bietet am Gipfel nur ein paar Quadratmeter Platz.

Im Nationalpark Berchtesgaden und außerhalb

Bei der Einrichtung des Nationalparks Berchtesgaden blieben die Almrechte im Schutzgebiet unangetastet. Die gut 20 Almen werden weiter betrieben und eine Jahrhunderte alte Tradition fortgeführt. Die bereits erwähnte Fischunkelalm am Obersee etwa wurde vor fast 900 Jahren erstmals erwähnt. Dabei ist sie aber längst nicht die älteste Alm in Berchtesgaden. Dieser Rang gebührt der Gotzenalm. Die Wiesenfläche bildet den Westrand des Hagengebirges, bevor das Plateau jäh abbricht und in einer 1100 Meter tiefen

Fotos: Strauß

Schrofenflanke direkt zum Königssee abfällt. Das erste Mal erwähnt wurde die Gotzenalm – die Weidefläche samt ihrer Gebäude – im Jahr 790 in den Notitia Arnonis. Diese Bestandsaufnahme der Besitztümer des Erzbischofs von Salzburg wurde unter der Herrschaft Karl des Großen erstellt. Seitdem hat sich manches verändert: 1134 wurde der erste Bau der Wallfahrtskirche St. Bartholomä auf dem Schwemmkegel unter der Watzmann-Ostwand errichtet. 40 Jahre später schnitt ein riesiger Felssturz Königssee und Obersee voneinander ab, später wurden Wege angelegt, Besucher kamen und gingen. Gleichgeblieben ist in all den Jahrhunderten die paradiesische Lage der Gotzenalm. Von einer kleinen Aussichtskanzel am oberen Rand der Alm überblickt man den Königssee und St. Bartholomä. Die Watzmann-Ostwand ragt bei Sonnenschein in ihrer ganzen Schönheit darüber auf und bildet bei Schlechtwetter eine dunkelgraue, bedrohliche Felsmauer.

Während die Gebäude der Chiemgauer Almen meist einfache Kaser sind mit einem Aufenthaltsraum für den Senn oder die Sennerin und einem Stall im hinteren Gebäudeteil, war in Berchtesgaden vielfach der Rundumkaser üblich. Diese Gebäudeform setzte die fensterlose Sennerunterkunft in die Mitte und baute im Karree den Stall rundherum, wovon das Gebäude auch seinen Namen Rundum- oder Umadumkaser hat.

Fotos: Strauß (2), TV Berchtesgaden (1)

Ein paar Stunden an der sonnigen Hüttenwand die Aussicht genießen wie an der Bischofsfellnalm (ganz links) oder an der Hofbauernalm (links); wer im Spätherbst kommt, kann vielleicht sogar einen der farbprächtigen traditionellen Almabtriebe miterleben (unten)

Zu einer richtigen Alm gehört natürlich der Kaiserschmarrn oder eine deftige Brotzeit…

Nicht nur im Nationalpark selbst gibt es aber schöne Almen, auch außerhalb seiner Grenzen bieten sich Almwanderungen und Bergtouren mit Almeinkehr in Fülle an. Die »Berchtesgadener Almwanderung« zum Beispiel führt zu einem weiteren Rundumkaser, der Moosenalm. Der Rundweg beginnt an der Alpenstraße in unmittelbarer Nähe des Taubensees und führt über die Mordaualm weiter zur Almfläche der Moosenalm.

Eine andere Alm, die der Gotzenalm den Titel der »schönsten Lage« streitig machen kann, ist die Kallbrunnalm im Westen der Berchtesgader Berge. Eine richtige Almsiedlung ist an den Westhängen von Hochkranz und Kühkranz entstanden, einige der Gebäude sind buchstäblich »museumsreif«, ihre Bausubstanz ist erkennbar alt und lässt die Pflege durch Generationen von Almbauern erkennen. Einige werden nach wie vor als almwirtschaftliche Gebäude genutzt, andere dienen als Wochenendunterkunft, eines der größeren Almgebäude ist als Einkehr ausgebaut. Auf der Kallbrunnalm erfahren wir schließlich auch, was es mit dem Spruch auf sich hat, dass es auf den Almen »koa Sünd'« gäbe: Wer eine Alm erhalten und die alten Gebäude pflegen muss, sich zusätzlich natürlich um die Tiere kümmern und Käse und Butter herstellen soll, für den bleibt einfach keine Zeit mehr für »Sünd'« – und wenn es nur »sündige Gedanken« wären…

…aber es spricht auch nichts gegen einen leckeren Kuchen mit einer erfrischenden Bierspezialität…

Fotos: Strauß

DIE SCHÖNSTEN AL

… im Chiemgau

Kranzhornalm (1222 m)
Ausgangspunkt: Parkplatz Kranzhorn (880 m), östlich von Erl
Gesamtzeit: 3 Std.
Höhenunterschied: 490 Hm
Tel. +43/(0)53 73/81 37, **www.kranzhorn.at**, Übernachtungsmöglichkeit, 1. Mai (spätestens) – Mitte November täglich geöffnet, im Herbst nur bis 18.00 Uhr

Hofbauernalm (1380 m)
Ausgangspunkt: Parkplatz an der Kampenwandbahn in Hohenaschau, Tel. +49/(0)80 52/44 11, **www.kampenwandbahn.de**,
Gehzeit: 2¾ Std.
Höhenunterschied: 50 Hm
kein Ruhetag, almübliche Bewirtung während der Almsaison (Juni – September)

Oberauerbrunstalm (970 m)
Ausgangspunkt: Wanderparkplatz am westlichen Ortsrand von Mühlau, das ca. 1 km vor Schleching liegt
Gehzeit: 1¾ Std.
Höhenunterschied: 360 Hm
während der Almsaison (Juni – September) am Wochenende bei schönem Wetter geöffnet, Tel. +49/(0)86 49/14 39 (im Tal)

Hefteralm (890 m)
Ausgangspunkt: Wanderparkplatz oberhalb des Bergbads in Grassau
Gehzeit: 1¾ Std.
Höhenunterschied: 290 Hm
täglich geöffnet in der Almsaison von Mai – Oktober, Montagabend ab 16 Uhr geschlossen

Branderalm (1140 m)
Ausgangspunkt: Parkplatz Seehaus (ca. 750 m), an der B 305 von Ruhpolding nach Reit im Winkl
Gehzeit: 2¼ Std.
Höhenunterschied: 390 Hm
Tel. +49/(0)86 63/6 25, kein Ruhetag, Bewirtschaftung in der Almsaison (Juni – Anfang Oktober), im Spätherbst noch an schönen Wochenenden

Steineralm (1020 m)
Ausgangspunkt: Urwies, an der Straße Piding – Anger
Gehzeit: 3¼ Std.
Höhenunterschied: 500 Hm
während der Almsaison (Juni – September) geöffnet, Tel. +49/(0)86 51/12 01

Sehr schön hergerichtet und einfach erreichbar ist die Oberauerbrunstalm bei Schleching

ANDERUNGEN...

... in Berchtesgaden

Mordaualm (1191 m) und Moosenalm (1410 m)
Ausgangspunkt: Taubensee bei Ramsau, an der B 305
Gehzeit: 4½ Std.
Höhenunterschied: 660 Hm inklusive kurzem Gegenanstieg
Mordaualm, meist geöffnet, im Juli und August teils nicht, da das Vieh und Senner auf der Hochlegeralm sind; Moosenalm, während der Almsaison (Juni – September) bewirtschaftet

Bindalm (1120 m)
Ausgangspunkt: Parkplatz Hintersee (796 m), am Ende der Fahrstraße in die Ramsau
Gehzeit: 3¾ Std.
Höhenunterschied: 320 Hm
während der Almsaison (Juni – September) täglich geöffnet

Kallbrunnalm (1454 m)
Ausgangspunkt: Pürzlbach, erreichbar auf schmaler, steiler Bergstraße von Weißbach Richtung Hirschbichlsattel
Gehzeit: 2½ Std.
Höhenunterschied: 310 Hm
Jausenstation Kallbrunnalm, von Mai – Ende Oktober geöffnet, Dienstag Ruhetag, Tel. +43/(0)65 82/7 24 07, **www.kallbrunnalm.at**

Kühroint (1420 m)
Ausgangspunkt: Hammerstiel (760 m)
Gehzeit: 4¼ Std.
Höhenunterschied: 660 m
Übernachtungsmöglichkeit, von Juni – September geöffnet, Tel. +49/(0)1 71/35 33 69, Fax +49/(0)86 52/8 82 68

Gotzenalm (1685 m)
Ausgangspunkt: Talstation der Bergbahn Jenner (635 m), nahe des Großparkplatzes am Königssee
Gehzeit: 6¼ Std.
Höhenunterschied: 690 Hm
Übernachtungsmöglichkeit, Pfingsten – Anfang Oktober geöffnet, Tel. +49/(0)86 52/69 09 00

Fischunkelalm (620 m)
Ausgangspunkt: Bootssteg am Königssee, nahe des Großparkplatzes Königssee, während der Almsaison (Juni – September) geöffnet
Gehzeit: 1¾ Std.
Höhenunterschied: 40 Hm inklusive des Gegenanstiegs
Saletalm, Mitte Mai – Oktober geöffnet, Tel. +49/(0)86 52/6 30 07
Schifffahrt: Königsseeschifffahrt, Tel. +49/(0)86 52/96 36 18, **www.bayerische-seenschifffahrt.de**

Ein Traumpfad am Nordrand der Bayerischen Alpen, der immer wieder hinaufführt zu den Gipfeln, den Aussichtswarten: der »Maximiliansweg«.

Eines

Von Eugen E. Hüsler

Foto: Strauß

Herbststimmung beim Hochgernhaus; über den Nebeln ragt markant die Kampenwand in

Königs Reise

Herbstzeit – Wanderzeit: verfärbte Ahornblätter

Ein Berg mit Profil: die Kampenwand von Norden, im Mittelgrund die Steinlingalm

»Die Wege in diesem Lande bieten fast alle soviel Schönes, daß man kaum weiß, welchem man den Preis zuerkennen soll. So hatten wir auch auf diesem Wege reiche und wechselvolle Augenweide. Besonders überraschten uns wieder die vielen mächtigen Ahornbäume. Wir ritten an hochaufsteigenden Bergwänden vorüber und nahmen unser Frühstück am letzten der drei kleinen Seen am Wege. Die Reise wäre noch weit genußreicher gewesen, wenn wir uns früher auf den Weg gemacht hätten, statt in der glühendsten Mittagshitze zu reiten. Die Sonne brannte uns dergestalt auf die Köpfe, daß wir ein paar Stunden im Waldschatten ausruhen mußten, wo wir anderen uns philosophischer Beschaulichkeit überließen, während Graf Ricciardelli und Baron Leonrod am Wasser saßen und Fische fingen, in welcher Kunst sie beide große Meister waren.«

Das Schild im AV-Look ist nicht mehr ganz neu, ein bisschen verbogen auch, aber trotzdem: schwarz auf weiß, wie beim weltweit größten Alpinverein üblich, steht da: »Maximiliansweg«. Und darunter für alle, die mit dem Hinweis nur wenig oder vielleicht gar nichts anfangen können: Lindau – Berchtesgaden.

Ein Fernwanderweg also und ein historischer dazu. Vor ziemlich genau 150 Jahren unternahm König Maximilian II. eine Reise durch seine Bayerischen (Vor-)Alpen, hoch zu Ross und mit beachtlicher Entourage, teilweise aber auch »auf Schusters Rappen«. Friedrich von Bodenstedt, Professor in München und mit von der Partie, verfasste später einen sehr lesenswerten, detaillierten Bericht über »Eines Königs Reise«.

Der moderne Weg

Diesen königlichen Weg hat der Tourismus unserer Tage wieder ent-deckt – als moderne Fernwanderroute. Sie folgt allerdings nur auf kürzeren Abschnitten der historischen Strecke, steigt dort viel öfter an zu Gipfeln und Graten, wo der Tross Maximilians seinen Weg durch die Täler nahm. 1991 wurde der »Maximiliansweg« offiziell eröffnet: exakt 366 Kilometer von Lindau am Bodensee bis nach Berchtesgaden, wo der Watzmann den optischen Schlussakkord setzt. Dazwischen liegen 22 Etappen und zahllose Highlights: das grüne Allgäu, die Königsschlösser bei Füssen und im Graswangtal, die spannende Überschreitung von Benediktenwand und Wendelstein, die herrlichen Seen am Alpenrand und Aussichtswarten in den Chiemgauer Alpen. Das Hochgebirge bleibt schöne Kulisse; der Weg verläuft durch eine vom Menschen geprägte, kultivierte Landschaft: Dörfer in den Tälern, Almen auf den Höhen. So kreuzen sich Moderne und Tradition immer wieder und im doppelten Sinn: hier das bäu-erliche Erbe und des Königs Reise, da unser »Maximiliansweg« und die Moderne, die manchmal auch hässliche Schneisen in die Idylle geschlagen hat. Stoff genug zum Nachdenken. Aber das ist ja das Schöne am (Fern-)Wandern: Wir schaffen uns eine eigene Zeit, die unseres Schrittes. Der bringt uns auf den Berg und wieder zurück, wir können ihn anhalten oder beschleunigen, ganz nach unserem Gusto.

Im Südosten Bayerns

So sind natürlich auch Teilbegehungen möglich, und weil das letzte Drittel des Weges vom Inn durch die Chiemgauer und Berchtesgadener Alpen verläuft, bietet sich eine

Am Hochgern; Blick über das Tal der Tiroler Achen zur Kampenwand

Gipfel mit und ohne

Für die Fernwanderer liegt das Problem weniger vorn als hinten, ist ein dicker Rucksack auf dieser Überschreitung doch eher hinderlich. Als »hinderlich« erweisen sich auch so manche GipfelstürmerInnen, die von dem recht felsigen Anstieg ganz eindeutig überfordert sind.

Die Kampenwand hat ihre Seilbahn, was den Ansturm, vorab an den Wochenenden erklärt, der Hochfelln (1664 m) auch. Deshalb hab' ich jenen Hoch- besonders gern, der sich östlich über dem Tal der Tiroler Achen erhebt, mit einer gemütlichen Berghütte und allseits beliebten, pfiffigen Bergbewohnern gleich nebenan: den Hochgern (1744 m). Bei der Murmeltiersippe handelt es sich um harmlose Immigranten aus der Nachbarschaft, also keineswegs um Problemtiere…

Viele schöne Schmiedeeisenkreuze stehen auf dem Friedhof von Ruhpolding

Fotos: Hüselr (3), Strauß (2)

genussvolle Wanderwoche geradezu an. Dass es unterwegs viel Aussicht gibt, verraten schon die Namen der Gipfel, die auf den sechs letzten Etappen des »Maximiliansweges« überschritten werden: Hochries, Hochplatte, Hochfelln, Hochgern, Hochstaufen. Nur die Kampenwand (1668 m) tanzt aus der Reihe, aber die wird auf der Originalroute knapp nördlich umgangen: »I gang so gern auf d'Kampenwand, wann i mit meiner Wampen kannt.«

Salz, kein Pfeffer

Drunten im flachen Land, aber direkt am Fuß der Berge, gab's früher einen »Weg« der besonderen Art, der fast parallel zu unserer – ebenfalls historischen – Route verlief, von Bad Reichenhall zunächst bis in die Traunsteiner Gegend, dann weiter bis Rosenheim am Inn: eine Soleleitung.

Die Salzgewinnung besitzt in Bayern eine lange, in vorgeschichtliche Zeit zurückreichende Tradition. Auch die Römer kannten und nutzten die Reichenhaller Solequellen bereits. Um 1650 produzierte die Saline jährlich rund 16 000 Tonnen Salz, der Handel ging bis nach Böhmen, Franken und in die Schweiz. Als im 17. Jahrhundert das zum Versieden der Sole unerlässliche Holz allmählich knapp zu werden drohte, verlegte man die Saline ins waldreiche Trauntal. Doch dazu musste das Salzwasser von Bad Reichenhall nach Traunstein geleitet und ein beachtlicher Höhenunterschied überwunden werden.

Aus 9000 Holzrohren mit einer Länge von je vier Metern wurde dieser Vorläufer einer modernen Pipeline gefertigt. Insgesamt sieben Hebewerke, deren Wasserräder wie Mühlen von Bergbächen angetrieben wurden, halfen der Sole über die Steigung – im Jahr 1619 eine echte technische Pionierleistung!

Später wurde auch noch die so genannte »2. Soleleitung« nach Rosenheim erbaut. An ihr liegt zwischen Grassau und Rottau direkt an der Straße das Klaushäusl, einst Pumpstation, heute interessantes Museum.

Eine Bayernkarte

Die Soleleitung existierte allerdings noch nicht, als ein Mathematikprofessor zur Kampenwand hinaufstieg: Philipp Apian. Er war im Auftrag von Herzog Albrecht V. in Bayern unterwegs, um das Land kartografisch aufzunehmen, zu vermessen: fast schon ein Lebenswerk damals. Und es sollte auch Jahre dauern, bis nur die Arbeiten im Gelände abgeschlossen waren. 1561 war es soweit, und zwei Jahre später lag das Kunstwerk vor. Ein Unikat, fünf mal fünf Meter groß, handgemalt – Bayern in einem Maßstab von ungefähr 1:45 000 (leider wurde die Karte 1782 durch einen Brand zerstört).

Apian war Mathematiker, und er arbeitete nach einer der Triangulation ähnlichen Methode, weshalb er für seine Arbeit hochgelegene Vermessungspunkte brauchte. Wie beispielsweise die Kampenwand. Ganz oben am Gipfel war der Gelehrte zwar nicht, aber immerhin hielt er das unverkennbare, schroffe Felsprofil auf einer Zeichnung fest.

Finale

Noch hundert Meter höher als die Kampenwand ist der Hochstaufen (1771 m), auch er ohne Seilbahn, aber nicht ohne Drahtseile: Seit ein paar Jahren gibt's an seiner Nordflanke den »Pidinger Klettersteig«, und der beschert der Hütte zusätzliches Publikum. Am Südostfuß des Bergstocks liegt Bad Reichenhall, das »Tor zu den Berchtesgadener Alpen«. Hier beginnt nach dem Abstieg von der Zwieselalm der allerletzte Abschnitt des königlichen Weges. Er wartet allerdings erst morgen auf uns: Wir übernachten im Reichenhaller Haus, knapp unter dem Hochstaufen, diesem herrlichen Aussichtsbalkon, dem Alpenrand so nahe wie den schroffen Kalkmassiven des Berchtesgadener Landes. Was für eine Aussicht! Tief drunten, am Spätnachmittag bereits im Bergschatten, liegt die Salinenstadt Bad Reichenhall, während sich der Schlosshügel von Salzburg noch im Abendlicht sonnt, und weit draußen im flachen Land mündet die Salzach in den Inn. Dann der Blick nach Süden: Gipfel neben Gipfel, Zackengrate und von Wind und Wetter zernagte Karstplateaus. Eine gewaltige steinerne Phalanx, angeführt von Watzmann (2713 m) und Hochkalter (2609 m), flankiert von der

Refugium am Alpenrand, hoch über dem flachen Land: das Reichenhaller Haus

Fotos: Strauß (3), Hüsler

Vom Zwiesel schaut man hinein in die faszinierende Bergwelt der Berchtesgadener Alpen

Technik von anno dazumal: Pumpstation im Klaushäusl

Rast am »Maximiliansweg«: die Agergschwendalm

Kleine Sehenswürdigkeit am Weg: Knabenkräuter gehören zur Familie der Orchideengewächse

In oder out?

Dem »Maximiliansweg« würden wir viel mehr Begeher wünschen – verdient hätte er es. Vielleicht sollte ja Harpe Kerkeling einmal auf den Spuren des bayerischen Königs nach seiner inneren Befindlichkeit suchen und das auch zu Papier bringen. Denn der moderne Weg, vor nicht einmal zwei Jahrzehnten lanciert, droht bereits wieder in Vergessenheit zu geraten. Woran das liegt? »Wer nicht wirbt, der stirbt«, heißt ein geflügeltes Wort. Bereits eine durchgehend einheitliche Markierung – eine Krone vielleicht? – würde den schönen Weg stärker im Bewusstsein all der Wanderer verankern, die übers Jahr in den bayerischen Bergen unterwegs sind. Dem König jedenfalls gefiel – wie seinen Begleitern – die Tour (obwohl das Wetter alles andere als optimal war) ganz offensichtlich, äußerte er sich doch hinterher fast überschwänglich: »Es gereicht mir zu großer Freude, dass auch Sie sich alle so gut amüsiert haben.«

Da kann ich mit Friedrich von Bodenstedt erwidern: »Der Unterschied besteht nur darin, das Eure Majestät sich menschlich amüsiert haben und wir uns königlich.« ■

Reiteralpe und vom Hohen Göll. »Da drüben«, sage ich zu Hildegard, die ein paar Bergdohlen mit getrockneten Apfelschnitzchen füttert, und zeige nach Südosten, »hinter dem Lattengebirge, liegt Berchtesgaden.«

Da endet der »Maximiliansweg«, und damit auch unsere Wanderung zwischen dem flachen Land und den Hochalpen, inmitten einer Kulisse, die man getrost als »klassisch« bezeichnen darf. Nur ein paar wenige Kilometer südlich des Alpenstädtchens wartet noch ein Naturwunder auf unseren Besuch, direkt unter der Ostwand des Watzmanns: der Königssee. Vielleicht beschließen wir die Reise ja auf dem Wasser, mit einer Fahrt über den Alpenfjord nach St. Bartholomä: steile Berge rundum und jede Menge schöne Erinnerungen in unseren Köpfen.

Der Aufstieg zum Hochfelln führt durch saftige Blumenwiesen

DER »MAXIMILIANSWEG« VOM INNTAL BIS BERCHTESGADEN

Etappen

Über den Inn zur Hochries: Halbtagswanderung zum Gipfelhaus, teilweise Fahrwege. Nußdorf am Inn (487 m) – Gh. Duft (780 m) – Hochrieshaus (1568 m); 19 km, 4 Std., 1100 Hm

Der Kampenwand entgegen: Zunächst im Bergabgang ins Priental, dann hinauf zum markantesten Gipfel am Rand der Chiemgauer Alpen. Hochrieshaus (1568 m) – Riesenhütte (1346 m) – Hohenaschau (620 m) – Gh. SonnenAlm (1467 m; Bergstation Kampenwandbahn); 13 km, 5 Std.; 850 Hm

Über die Kampenwand zum Hochgern: Mit viel Auf und Ab zum Hochgernhaus; an der Kampenwand kurze Felspassagen (Sicherun-gen), ebenso an der Nordumgehung. Gh. SonnenAlm (1467 m) – Kampenwand (1664 m) – Piesenhauser Hochalm (1360 m) – Mar-quartstein (546 m) – Agergschwendalm (1040 m) – Hochgernhaus (1461 m); 17 km, 7¼ Std., 1150 Hm

Zweimal Panorama: Über Hochgern und Hochfelln nach Ruhpolding; teilweise recht steile Bergwege. Hochgernhaus (1461 m) – Hochgern (1744 m) – Eschelmoos (1077 m) – Hochfelln (1671 m) – Fellnalm (1351 m) – Ruhpolding (655 m); 15 km, 7 Std., 900 Hm

Vom Chiemgau ins Berchtesgadener Land: Anstieg mit langem Vorlauf. Ruhpolding (655 m) – Inzell (693 m) – Kohleralm (1450 m) – Zwieselalm (1386 m); 17 km, 5¾ Std., 800 Hm

Finale furioso: Über die Salinenstadt zum Watzmannblick. Zwieselalm (1386 m) – Bad Reichenhall (473 m) – Hallthurm (695 m) – Berchtesgaden (571 m); 23 km, 7 Std., 200 Hm
Geht man über den Hochstaufen (1771 m), erhöht sich die Gesamtgehzeit dieser Etappe auf 9¾ Std., zum Gipfel hin etwas rauer Weg.

Übernachtung/Hütten

Hochrieshaus (1568 m), Tel. 0 80 32/82 10, Fax 70 74 33, **info@hochrieshuette.de**, **www.hochrieshuette.de** (ganzjährig)
Riesenhütte (1346 m), Tel. 0 80 52/29 21, **www.riesenhuette.de** (ganzjährig)
Berggasthaus SonnenAlm (1467 m), Tel. 0 80 52/44 11, Fax 25 08, **info@kampenwand.de**, **www.kampenwand.de** (ganzjährig)
Hochgernhaus (1461 m), Tel. 0 86 41/6 19 19, **www.hochgernhaus.de** (ganzjährig)
Zwieselalm (1386 m), Tel. 0 86 51/31 07 (bew. Mitte Mai bis Mitte Oktober)
Reichenhaller Haus (1750 m), Tel. 0 86 51/55 66, **www.dav-badreichenhall.de** (Mitte Mai bis Mitte Oktober)

Karten/Führer

Bayerisches Landesvermessungsamt 1:50 000, Blätter UK L 7 »Chiemsee« und UK L 4 »Berchtesgadener Alpen«
Eugen E. Hüsler »Wandern kompakt Maximiliansweg«, Bruckmann Verlag, München

Sinnbild für die Berchtesgadener Alpen ist der Watzmann, Sinnbild für den Watzmann ist die Ostwand. Aber was wäre sie ohne den Königssee mit St. Bartholomä?

SCH

Foto: Andreas Strauß

CKSALSBERG und Trompetenecho

Schutzherr der Almbauern und Sennerinnen ist der Heilige Bartholomäus, auch wenn Touristen und Bergsteiger hier weit in der Überzahl sind

Watzmann

Der Schicksalsberg

»Mit voller Wucht haut's mein Buam in die Schlucht. Und ma hört's wie's weithin schallt. Aber mei Bua, der fallt, der fallt, aber mei Bua, der fallt, der fallt. Mit ganzer Gwalt haut's mein Buam in den Spalt. Übern Buckel rinnt's ma kalt. Aber mei Bua, der fallt, der fallt…«

Der Watzmann ruft«! Wolfgang Ambros' legendäres Musical schließt mit dem Stück »Er fallt«. Nachdem der Sohn zuvor seinen Schicksalsberg Watzmann besungen hat – »Vadda, Vadda, lass mi ziagn, der Berg, i muaß eam unterkriagn« –, muss der Vater jetzt vom heimatlichen Hof mitverfolgen, wie der Sohn hinaufklettert und schließlich in die Schlucht abstürzt: Schicksalsberg Watzmann. So hat man den Watzmann schon vor Wolfgang Ambros genannt. Der zweithöchste Berg Deutschlands mit Eiger und Nanga Parbat in einer Reihe?

Schicksalsberg. Was heißt das eigentlich? Sind sie besonders gefährlich, die Schicksalsberge? Oder ist es eine Verkettung unglücklicher Umstände, die ihnen diesen Ruf eingebracht hat? Eine Häufung von Todesfällen? Tatsache ist, dass der Watzmann mit seinen 2713 Metern der niedrigste der drei »Schicksalsberge« ist (Eiger 3970 m, Nanga Parbat 8125 m). Dass sein höchster Gipfel viel, viel einfacher zu erreichen ist als bei den anderen beiden »Schicksalsbergen«. Dass sich dennoch die Zahl der Todesfälle in der Ostwand bisher auf 99 beläuft (Stand April 2008).

Die Ostwand

Der Watzmann. Damit ist einmal der Watzmannstock gemeint. Als einer von neun Berchtesgadener Gebirgsstöcken steht er direkt über dem Ort Berchtesgaden, fast in der Mitte der Berchtesgadener Alpen. Abgesehen vom Hochkönig, der aber so weit nach Süden vorgeschoben ist, dass man ihn

Fotos: Radehose (1), Strauß (2)

Watzmann hautnah (oben): Die Watzmann-Überschreitung ist nicht nur ein alpines Erlebnis, sondern steht auch für Aussicht über die Berchtesgadener Berge

Vollen Überblick über die Ostwand und die Überschreitung genießt man von der Gotzenalm

als Berchtesgadener Berg gerne vergisst, zumindest aber von bayerischer Seite nur am fernen Horizont wahrnimmt, ist der Watzmann der höchste Gipfel der Berchtesgadener. Der Watzmann besteht neben den drei eigentlichen Watzmanngipfeln Mittelspitze (2713 m), Südspitze (2712 m) und Hocheck (2651 m) aus dem Kleinen Watzmann, der sogenannten Watzmannfrau (2307 m) und den fünf Kindern.

Wer als Bergsteiger vom Watzmann spricht, meint entweder die Watzmann-Überschreitung, also den Gratverlauf zwischen Hocheck, Mittelspitze und Südspitze, oder die Watzmann-Ostwand. Und genau diese Ostwand ist es auch, die den Watzmann zum Schicksalsberg gemacht hat. 2100 Höhenmeter sind es vom Ufer des Königssees in Bartholomä bis zum Gipfel, Luftlinie vier Kilometer. Zieht man den Wandfuß ab, so bleiben 1800 Höhenmeter Wand. Das ist die höchste Wand der Ostalpen, selbst die Monte-Rosa-Ostwand ist nur 200 Meter höher. Natürlich ist das für Bergsteiger eine Herausforderung, genauso wie es für Ambros' Bauernburschen ein Muss ist: »Aufi muaß i, i muaß, i muaß!«

Am Hocheck – Wallfahrtsort seit ewigen Zeiten

Valentin Stanig

(geb. am 12. 2. 1774 in Bodenz/Slowenien, gest. am 29. 4. 1847 in Görz) stammte aus einer armen Bauernfamilie, studierte ab 1799 in Salzburg Naturwissenschaften und Theologie, unternahm von hier aus in den Berchtesgadener Alpen einige touristische Erstbesteigungen, zum Beispiel auf den Untersberg, die Watzmann-Mittelspitze und den Hohen Göll. Auf dem Großglockner stand er nur einen Tag nach der Erstbesteigung als Zweiter. Am Triglav gelang ihm ebenfalls die Erstbesteigung, ihm zu Ehren trägt dort eine Schutzhütte den Namen Stanighütte. 1819 wurde er in Görz zum Domherrn ernannt, dort lebte er auch bis zu seinem Tod.

König Watzmann und seine Familie

Auf zwei Kilometer Breite ragen Wände, Bänder, Schluchten und Rampen in den Himmel, von unten sieht die Ostwand unnahbar aus und doch wird sie seit über hundert Jahren von einem Dutzend Aufstiegswegen durchzogen. Der leichteste ist der Berchtesgadener Weg, mit III bewertet. Aber was heißt das schon, in dieser Riesenwand?

Sagenhafter Watzmann

Sieht man das Berchtesgadener Wahrzeichen das erste Mal, dann bleibt die berühmte Ostwand noch vor neugierigen Blicken verborgen. Denn vom Ort aus blickt man auf die Nordseite. Mittelspitze und Hocheck schauen von hier fast gleich hoch aus, die Watzmannkinder reihen sich nach links anschließend über dem Watzmannkar auf und werden von der Watzmannfrau zur Linken behütet. Wie eine steinerne Familie sehen sie aus, die sieben Gipfel. In verschiedenen Sagen haben unsere Vorfahren versucht, sich das einzigartige Aussehen von Watzmann & Co. zu erklären.

Eine Sage behauptet, dass einst der König Watzmann mit so großer Härte über die Bauern der Gegend geherrscht habe, dass die dortigen Erdmännchen sich erzürnten und versprachen den armen, unterdrückten Untertanen zu helfen. Als ihre Not schließlich so unvorstellbar groß war, rieten sie ihnen, mit Kieselsteinen nach dem Tyrannen zu werfen. Als die Bauern dies taten, verwandelten sich die Steinchen wie durch ein Wunder zu großen Felsen. Im Nu begruben die Steine den König und seine Familie und türmten sich als Felsmassiv über ihnen auf. Zu Stein erstarrt thront der Watzmann als abschreckendes Beispiel nun über Berchtesgaden.

Nach einer anderen Sage soll der König während einer wilden Jagd seine Hunde nicht aufgehalten haben, als diese im Jagdrausch auf einen Hirtenhund losstürmten, der bei einer jungen Sennerin mit ihrem Säugling Wache hielt. Sie sollen sowohl den Hund wie auch die junge Frau und das Kind zerfleischt haben. Der Hirte, der zu Hilfe eilte, sah den König nur lachen angesichts des grausigen Schauspiels, er stürmte vor Wut auf die wilde Hundemeute los, wurde aber auf ausdrücklichen Befehl des Königs ebenso zerrissen. Doch dann – so die Sage – wandten sich die Hunde gegen den König selbst und unter Donner und Sturm wurden der Herrscher und seine ganze Familie zu Stein.

Fotos: Höffer (3), Strauß (2)

Große Erschließer

Ludwig Purtscheller

(geb. 6. 10. 1849 in Innsbruck, gest. 2./3. 3. 1900 in Bern) arbeitete zunächst als Bergwerksbeamter und machte später die Ausbildung zum Turnlehrer. Als solcher arbeitete er in Klagenfurt und ab 1874 in Salzburg, woer seine Liebe zum Bergsteigen entdeckte. 1885 beging er zusammen mit J. Punz (»Preiß«) die Watzmann-Ostwand als Zweiter auf der heute als Kederbacher-Weg bekannten Route. Erstbegehungen gelangen ihm auch in den südlichen Berchtesgadener Bergen, aber auch in den Westalpen, zum Beispiel die erste Überschreitung des Monte Rosa führerlos oder in Ostafrika gemeinsam mit Dr. Hans Mayer die erste Besteigung des Kilimanjaro. Im August 1899 zieht er sich an der Aiguille du Drueinen Oberarmbruch zu, an dessen Spätfolgen er im März 1900 im Krankenhaus in Bern stirbt.

Johann Grill "Kederbacher"

(geb. am 22. 10. 1835 in Ramsau, gest. am 20. 1. 1917 in Ramsau) war zur Zeit der Erschließung in Berchtesgaden der renommierteste Bergführer. Vorher hatte er als Holzknecht und Jagdhelfer seine elfköpfige Familie ernährt. Mit der Watzmann-Überschreitung von der Mittelspitze zur Südspitze und der Erstbesteigung der Teufelshörner machte er sich einen Namen. Zwischen 1880 und 1887 war er als Bergführer auf vielen bedeutenden Gipfeln der Alpen, in der Glocknergruppe, den Dolomiten, im Wallis und Berner Oberland, wo er mit dem Gedanken spielte die Eiger-Nordwand zu durchsteigen – 50 Jahre von ihrer Erstbegehung. Später bewirtschaftete er das Watzmannhaus und führte auch immer wieder durch die Ostwand, als deren erster »Hausmeister« er galt. Sein Denkmal steht heute in Ramsau am Rathaus.

Dem Himmel ganz nah, so fühlt man sich bei der Überschreitung der drei Watzmanngipfel

WATZMANN - DIE ROUTEN IM ÜBERBLICK

Watzmann-Überschreitung

Ausgangspunkt: Wimbachbrücke (640 m), zwischen Berchtesgaden und Ramsau, Bushaltestelle, großer Parkplatz oder Hammerstiel (760 m)
Aufstieg zur Hütte: Auf bezeichnetem Weg in 3½–4 Std. zum Watzmannhaus
Route: Vom Watzmannhaus in Kehren auf deutlichem Steig in 2 Std. zum Hocheck, im oberen Teil teils im Schrofengelände versichert, Schwierigkeit I. Am Gipfel Unterstandshütte. Weiter direkt am Grat, in ½ Std. zur Mittelspitze, teils versichert und

Gipfelrast an der Mittelspitze

ausgesetzt, aber nicht durchgehend Drahtseil, Trittsicherheit nötig, bei Vereisung wird abgeraten, Schwierigkeit I. Von der Mittelspitze in 1–1½ Std. zur Südspitze, nur teils Sicherungen, ausgesetzt, Schwierigkeit I, anspruchsvoller als zur Mittelspitze.
Abstieg: Entweder zurück zum Watzmannhaus oder Abstieg ins Wimbachgries, 4–6 Std. zur Wimbachbrücke, schrofig, teils brüchig, Trittsicherheit nötig, bei schlechtem Wetter schwierige Orientierung

Watzmann-Ostwand

Ausgangspunkt: Bootssteg am Königssee, nahe des Großparkplatzes Königssee, Busverbindung von Berchtesgaden, Königsseeschifffahrt, Tel. +49/(0)86 52/96 36 18, www.bayerische-seenschifffahrt.de; Übernachtung im Ostwandlager in St. Bartholomä nur für Ostwandbegeher gestattet, Info in der Gaststätte St. Bartholomä, Tel. +49/(0)86 52/96 49 37
Höhenunterschied: 1800 Hm zuzüglich 300 Hm Wandvorbau; **Zeit:** je nach Route 6–8 Std.
Berchtesgadener Weg: III (kurz in Wandmitte über der Rampe und in den Ausstiegskaminen), meist II und leichter.
Der beliebteste und einfachste Weg durch die Ostwand. An der Eiskapelle vorbei, zum Schuttkar, über die beiden Sporne und die Rampe in die Gipfelschlucht, Ausstieg zur Südspitze.
Kederbacher-Weg: IV– (kurz an der Schöllhornplatte), Stellen III, meist II.
Der klassische Weg, mit alpiner Note. Über die Eiskapelle hinauf zum Schöllhorneis, über dieses und die anschließende Schöllhornplatte zum Zellerloch. Auf dem dritten Band Querung in die Gipfelschlucht, Ausstieg zur Südspitze.
Salzburger Weg: IV+/A0 (eine SL), längere Zeit IV (am Pfeiler), sonst II.
Der schwierigste der häufig begangenen Wege. Über die Eiskapelle hinauf zum Schöllhorneis, dieses über den Pfeiler umgehen. Auf dem ersten Band Querung in die Gipfelschlucht, Ausstieg zur Südspitze

Bergschulen in Berchtesgaden

Bergschule Watzmann, Tel. +43/(0)86 57/7 11, www.bergschule-watzmann.de
Erste Bergschule Berchtesgadener Land, Tel. +43/(0)86 52/53 71
Outdoor Club, Tel. +43/(0)86 52/9 77 60, www.outdoor-club.de

Hütten

Kühroint-Alm (1420 m), Anfang Juni – Ende Oktober geöffnet, Tel. +49/(0)1 71/35 33 69, www.kuehroint.com
Watzmannhaus (1928 m), AV, von Ende Mai/Pfingsten – Mitte Oktober geöffnet, Tel. +49/(0)86 52/96 42 22
Wimbachgrieshütte (1326 m), Anfang Mai – Ende Oktober geöffnet, Tel. +49/(0)86 57/3 44

Blick vom Grat ins Watzmannkar

Fotos: Bodenbender (1), Strauß (3)

»Es kam nur Schlimmeres nach«

Ein wenig sagenhaft ist auch die Erstbesteigung des Watzmanns. Das Hocheck war schon lange Zeit Ziel von einheimischen Wallfahrern gewesen, denn dort existierte früh schon ein Kreuz und ein Bildstock. An den Übergang zur Mittelspitze traute man sich jedoch lange nicht. Erst im Jahr 1801 (vielleicht auch ein Jahr vorher) wagte Valentin Stanig den Weg am Grat entlang. Wo heute ein Drahtseil und einige Krampen über die schwierigsten Stellen hinweghelfen, war Stanig auf sich allein gestellt. »Beladen mit meinen Meßinstrumenten, macht ich mich auf den Weg. Schon der Anfang war böse, denn ich mußte über eine steile Platte hinabglitschen, an deren Ende mich nur ein kleiner Vorsprung vom Sturz in die unermeßliche Tiefe bewahrte. Dann überstieg ich eine gefährliche Stelle, eine Kluft nach der anderen, dachte auf Besserwerden, und es kam nur Schlimmeres nach. Bald mußte ich mich, auf einem schneidigen Rücken sitzend, weiter bewegen, bald in Lüften schwebend in steilen Wänden dahinklettern… Oft brauchte es beinahe übermenschlichen Muthes, um nicht ein Raub der Zagheit zu werden, denn meist mußte ich auf dem scharfen Rücken auf allen Vieren dahinkriechen, wo rechts und links tausendfach verderbender Abgrund war… Nachdem ich wieder auf festem Theil angekommen war, ward der Berg sehr steil, und unter größter Anstrengung erreichte ich über loses Gestein den höchsten Punkte des Watzmanns. Mit Erstaunen, Freude und Angst erblickten mich die Zurückgebliebenen auf diesem in die Wolken stechenden Spitz.«

Den weiteren Weg hinüber zur Südspitze erwog Stanig nicht. Es spricht für sich, dass es bis ins Jahr 1832 dauerte, bis Peter Carl Thurwieser als Erstbesteiger der Südspitze in die Besteigungsgeschichte des Watzmanns einging. Thurwieser stieg vom Wimbachtal auf und auf diesem Weg auch wieder ab. Den Übergang zwischen Mittelspitze und Südspitze wagte der Linzer Lederhändler Albert Kaindl gemeinsam mit den beiden Berchtesgadener Bergführern Johann Grill (Kederbacher) und Johann Punz (»Preiß«) im Jahr 1868.

Zimmer mit Aussicht: das Watzmannhaus am Falzköpfl

Die Hausmeister der Ostwand

Für den Kederbacher ist die Watzmann-Überschreitung der Beginn einer beachtlichen Bergsteiger- und Bergführerkarriere. Er ist mit vielen namhaften Bergsteigern seiner Zeit auf Tour und führt weit über seine Ramsauer Heimat hinaus: Glocknergruppe, Dolomiten, Wallis, Berner Oberland. Am Pfingstmontag 1881 gelingt ihm gemeinsam mit Otto Schück die erste Durchsteigung der Watzmann-Ostwand. Über die Eiskapelle und das Schöllhorneis steigen sie auf und erreichen auf einer heute nicht mehr üblichen Route nach vierzehn Stunden in der »Bartholomäwand« die Mittelspitze.

Auch in den folgenden Jahrzehnten beging Kederbacher die Ostwand immer wieder und war zu seiner Zeit einer der besten Wandkenner. Später werden Franz Rasp und heute Heinz Zembsch die Aufgabe des »Hausmeisters« übernehmen: Franz Rasp war 295-mal in der Ostwand, bei seiner letzten Begehung, am 1. Januar 1988, stürzte er zusammen mit seinem Gast ab. Heinz Zembsch durchstieg die Ostwand inzwischen 350-mal.

Trotz dieser Zahlen kann man die erste Begehung nicht hoch genug einschätzen, Kederbacher war damals seiner Zeit weit voraus. Vier Jahre später erst wagt sich wieder eine Seilschaft in die Wand: Ludwig Purtscheller und Johann »Preiß« Punz. Sie steigen auf dem Kederbacher-Weg ein, queren dann auf dem dritten Band zur Gipfelschlucht und steigen auf die Südspitze aus, auf der Route, die heute als Kederbacher-Weg gilt und wegen der beiden Eisfelder noch immer als die Ostwandroute mit besonders »alpiner Note« gewürdigt wird. Vor allem die Randkluft des Schöllhorneises kann sehr unangenehm zu begehen sein.

Benannt ist das Eisfeld nach Christian Schöllhorn, dem ersten Todesopfer der Ostwand, der hier 1890 beim Sturz in die Randkluft tödlich verunglückte.

Das Schöllhorneis blieb auch in den folgenden Jahrzehnten eine Schlüsselstelle. Sofern man in der Ostwand diesen Begriff benützen sollte. Die eigentlichen Kletterschwierigkeiten sind meist nicht von Belang. Viel eher hängt der Erfolg von Orientie-

Knalloranger Lebensretter: die Biwakschachtel in der Ostwand

rung und Wetter ab, vom sicheren Steigen in ausgesetztem Gelände und in Schrofen, kurz – während tausender Schritte im klettertechnisch unschwierigen Gelände, das aber Fehler trotzdem nicht verzeiht. Gesichert wird in der Ostwand auf den gängigen Routen nämlich an den wenigsten Stellen. Verständlicherweise, denn 1800 Höhenmeter können nicht durchgesichert werden, selbst wenn die Felsstruktur Sicherungen zuließe. Doch nicht einmal das kann man behaupten.

Am Schöllhorneis mit seiner Randkluft und der tendenziell etwas höheren Steinschlaggefahr passierten immer wieder Unfälle, so dass der Salzburger Weg ab 1923 eine sinnvolle Alternative bot, denn er umgeht das Schöllhorneis links über einen steilen Felspfeiler. Allerdings muss auf diesem Abschnitt wirklich geklettert werden (anhaltend IV).

Einige Jahre später wurde von Friedrich Thiersch der »Münchner Weg« allein erstbegangen, der sowohl Schöllhorneis wie auch Eiskapelle mied. Die heute beliebteste Route, der Berchtesgadener Weg, wurde erst 1947 erstbegangen von Josef Aschauer und Hellmut Schuster, die eigentlich den Münchner Weg hatten begehen wollen.

Der beliebteste Weg

618 m: Aufbruch vom Ostwandlager ein wenig versteckt im Waldsaum gleich hinter St. Bartholomä. Es ist noch dunkel, aber die Sterne leuchten nicht mehr ganz so hell wie heute Nacht. Die ersten 15 Höhenmeter haben wir schon, bleiben nur noch 2094. Magengrummeln.

830 m: Das freie Gelände vor der Eiskapelle ist erreicht. Dämmerung setzt ein. Eine Viertelstunde oberhalb tanzen zwei Stirnlampenlichter. Der kalte Luftzug vom Eis vertreibt ein wenig die Nervosität.

1070 m: Lampe braucht man jetzt keine mehr. Durch Gebüsch und Schrofen steil hinauf. An den langen Gräserrispen hängen die Tautropfen. Wenig oberhalb ist die andere Seilschaft zu hören, wenn ab und zu ein Bergschuh gegen einen Felsen poltert.

1340 m: Die ersten Sonnenstrahlen! Vom Schuttkar ist endlich mehr Wand einsehbar. Eine grandiose Felslandschaft! Riesige Dimensionen. Während einer kurzen Pause können wir das alles auf uns wirken lassen. Schnell eine Trinkflasche am nahen Bach aufgefüllt, dann weiter. Wir sind inzwischen als erste Seilschaft unterwegs, so darf es bleiben.

1630 m: Der zweite Sporn, das heißt etwa die halbe Wandhöhe. Jetzt beginnen die schwierigeren Passagen. Auch die Wegfindung wird interessanter, könnten wir uns nicht an viele Stellen von früher erinnern, dann würden wir jetzt öfter halten müssen und im Führer nachschauen.

1970 m: Die Gipfelschlucht. Bis zur Biwakschachtel ist jetzt zumindest die Routenführung kein Thema mehr. Dafür wird es allmählich warm. Tief unten lockt der Königssee. Ab und an suchen die Augen den Himmel ab, um nach dem Adler zu schauen, der vorher einen großen Kreis über der Ostwand gedreht hat.

2380 m: Pause auf dem Zembsch-Bankerl an der Biwakschachtel. Wie es wohl sein muss, nach einem Wettersturz das orange Viereck zu sehen, wenn man schon der Verzweiflung nah ist? Bei blauem Himmel unvorstellbar.

2440 m: Die letzten heiklen Stellen warten. Kurz nochmals das Seil ausgepackt für die IIIer- Passage, nochmals Konzentration.

2712 m: Am Gipfel ist zwischen vielen Watzmann-Überschreitern gerade noch Platz für uns. Aufatmen. Ein wenig Stolz. Und ganz schnell auch das Gefühl, dass ich mir jetzt die Wand noch ein wenig länger gewünscht hätte. Ein paar Meter noch, ein paar Minuten noch gleichmäßiges Steigen

Fotos: Ritschel (1), Strauß (3)

Hagengebirge und Steinernes Meer – einsame Landschaften mit überraschenden Paradiesen: die Almflächen am Jenner mit ihrem Watzmannblick (links), die Bikestrecke hinauf zur Gotzenalm (unten) oder auch der kleine Seeleinsee, der auf der Kleinen Reibn zur Rast einlädt (ganz unten)

lang früh am Morgen. Einst haben beide Seen zusammengehört. Heute trennt ein Moränenwall die Wasserfläche. Von der Fischunkelalm am hintersten Ende des Obersees wandert man hundert Meter aufwärts. Ein Talkessel, eingerahmt von Felswänden, wartet hier; der Wasserfall des Röthbaches saust 470 Meter ins Tal, verschwindet einfach so von der Oberfläche und kommt im Obersee als unterirdischer Zufluss wieder heraus.

Zum Parterre gehört auch ein überwiegend verfallener Steig am Ostufer entlang. Stundenlang kann man hier im steilen Dickicht den Weg suchen und sich im Sommer im Minutentakt antrompeten lassen.

Das Hochparterre

500 bis 1000 Meter über dem Wasserspiegel liegt das Hochparterre von Hagengebirge und Steinernem Meer mit allen bekannten und beliebten Wanderungen. Gestartet wird im Süden von Saalfelden oder Maria Alm, vom Nordufer des Königssees, im Bluntautal bei Golling, das am Torrener Joch beim Stahlhaus endet, oder im Blühnbachtal von Tenneck/Werfen. Hier, wo das Gehöft Hagen dem Gebirge seinen Namen gegeben hat, mündet das Blühnbachtal und trennt Hagengebirge von Hochkönig. Auf halber Strecke steht das private Jagdschloss Blühnbach, am Ende die Selbstversorgerhütte Eckberthaus. Lohnend sind die drei bis vier Stunden auf der gesperrten Straße nicht.

Aus dem Salzachtal (500 m) über das Bluntautal zum Torrener Joch – ja, das macht Sinn, auch wenn der Aufstieg deutlich länger ist als von Königssee.

Bleibt eigentlich nur der Ort Königssee. Mit der Jennerbahn ist der erste Gipfel gleich erreicht, der Jenner eben. Oder man nimmt die Bergstation nur als Sprungbrett für anspruchsvollere Ziele. Ohne Seilbahnhilfe geht man in Königssee los oder auf Höhe der Mittelstation in Hinterbrand.

Der Klassiker, aber deshalb nicht weniger schön, ist die Kleine Reibn. Im Sommer wie im Winter eine beliebte Runde. Das erste Etappenziel ist das Stahlhaus, von Hinterbrand über Almgelände oder vom Jenner mit einem halbstündigen Querweg erreichbar. Am Schneibstein ist eineinhalb Stunden später der höchste Punkt geschafft. Blick über das Hagengebirge: Wellen aus Stein, die bis zur Plateauspitze Hochkönig und weiter zur steilen Felspyramide Schönfeldspitze wogen. Im Süden und Südosten breitet sich das Hagengebirge aus, weit hinten der Hochkönig, im Südwesten beschreibt das Steinerne Meer einen Bogen bis zum Horizont. Mit 100 Quadratkilometern ist es der größte Berchtesgadener Stock. Karstlandschaft ohne Ende, bis hinter den Horizont.

Kurz taucht man am Schneibstein ein ins Hagengebirge, wandert am Südrücken hinein in die Wellen, schnappt am Reinersberg vorbei Luft und taucht an der Windscharte ab ins Seeleintal.

Fotos: Strauß

Der Seeleinsee. Wie in einem Amphitheater liegt das grüne Himmelsauge von Felsen eingerahmt. Es steht auf der Bühne und sein Text heißt Stille. Selbst ein leises Liebesgeflüster unten am Ufer wird durch den Felskessel zum gut verständlichen Gespräch für Wanderer, die etwas weiter oben bei der Brotzeit sitzen…

Ein »Mitnahmeberg« ist der Kahlersberg nicht, auch wenn es vom Seeleinsee nur noch 500 Meter sind. Denn ab dem Hochgschirrsattel bleibt noch eine Stunde Schrofen, teils versichert, oft im Absturzgelände, am Mausloch sogar im Berginneren. Trotzdem ist der Kahlersberg einer der häufig bestiegenen Hagengebirgsgipfel, einfach deshalb, weil die anderen noch viel schwieriger zu erreichen sind.

Die Kleine Reibn beschließt die Runde vom Seeleinsee über Almgelände zurück. Romantisch liegt da die Priesbergalm über dem Priesberger Moos, die Branntweinbrennhütte lädt zu Hochprozentigem ein, an der Königsbachalm weht die Fahne, über Strubalm und Mittelstation geht es zurück oder auch gleich hinab nach Königssee.

Für den zweiten Wanderklassiker Gotzenalm reiht man die Stationen nun in umgekehrter Reihenfolge auf. Bis zum Königsbach wird man nie allein unterwegs sein, dieser Spaziergang wird bei der Beliebtheit nur durch St. Bartholomä getoppt. Nun gibt es zwei Wege: der untere, einfachere über die Gotzentalalm durch tannenbartbehangene Baumriesen in Ab und Auf zur Gotzenalm. Oder über das Priesberger Moos und den steilen Urwald am Unteren Hirschenlauf zur Gotzenalm. Das älteste und größte Berchtesgadener Almgelände wartet hier. Aussichtsreich nach Süden und vom nahen Feuerpalfen auch nach Westen. In einem Ruck bricht dort die Flanke in den Königssee ab und zischt drüben in der Ostwand auf 2700 Meter hinauf. Dieser Blick würde auch eine Wanderung rechtfertigen, die zehnmal so lang wäre.

Mit dem Abstieg über die Regenalm und den Kaunersteig lässt sich wieder eine »Reibn« beschreiben. Aber nur für trittsichere Geher. Das Gelände ist steil, auf versicherten Holztreppen überwindet man fast senkrechte Passagen. Ausrutscher

Nomen est omen. Das Steinerne Meer. Ob auf dem Brandhorn, dem Nachbarn des Hochkönigs (links), oder beim Blick auf die Felswände des Wildalmkirchls (rechts) – Steinlandschaften bestimmen das Bild

Alles hat einmal ein Ende! Das Steinerne Meer endet an den Südabstürzen hinab zum Dientner Sattel und nach Saalfelden (oben). Das markante Paar der Teufelshörner ist zuweilen eine gute Orientierungshilfe (links)

enden hier leider immer wieder mit Rettungseinsätzen oder sogar tödlich.

Die Zwischenetage gibt es auch im Süden und Südwesten der Königssee-Obersee-Furche. Hier liegt der riesige Schwamm »In der Röth« mit der Wasseralm. Die Steige in dieses kleine Paradies sind lang und nicht ungefährlich. Trotzdem ist die Wasseralm mit ihrer ruhigen wilden Lage oft gut besucht.

Möchte man einen Gipfel besteigen im Hochparterre, dann bleibt das Halsköpfl. Das »l« sagt schon, dass es ein kleiner Gipfel ist, eine Aussichtskanzel, kaum höher als der Verbindungssteig zwischen Wasseralm und Kärlinger Haus. Und doch ist das Köpfl einmalig. Die Walchhüttenwand darunter fällt steil in den Obersee ab und so steht man hier genauso exponiert wie am Feuerpalfen. Drüben ist es die Ostwand, die den Blick dominiert, hier der lange Fjord des Königssees. Zum Halsköpfl kommt man auch, wenn man von St. Bartholomä über die mühsame Saugasse zum Kärlinger Haus aufsteigt und über Grünsee und Schwarzensee auf dem Höhensteig herüberwandert.

Auf dem Dachboden

Das Dachgeschoss von Hagengebirge und Steinernem Meer ist in den Süden gelegt. Mit 2655 Metern hat es am Selbhorn den höchsten Punkt. Der auffälligere Gipfel ist aber die Schönfeldspitze mit einem Meter weniger. Wie das Vorzeigebild eines Berges entsendet diese Spitze ihre Grate Richtung Himmel. Ein ästhetischer Gipfel, der bestimmt Postkarten-Bestseller wäre, stünde er statt Watzmann über dem Königssee als irgendwo überm Steinernen Meer.

Der Gipfelreigen des Steinernen Meers beginnt im Westen mit dem Kletterberg Persailhorn, dem beliebten Wanderziel Breithorn (nomen est

Fotos: Strauß

Winzling Riemannhaus unter dem Sommerstein

omen), dann schmiegt sich das Riemannhaus an den Sommerstein, der nur von Süden so wild aussieht. Die Schönfeldspitze bildet den Mittelpunkt, denn das Selbhorn steht etwas nach Süden vorgeschoben und sieht daher von der Berchtesgadener Seite nicht so bedeutend aus. Mit dem Wildalmkirchl und dem Brandhorn ist der Ostrand der Bergkette erreicht. Die Gipfel des Steinernen Meers sind im Vergleich einsame Berge, denn die Zustiege sind lang und die Gipfelfelsen nur am Breithorn und am Brandhorn einfach zu überlisten. Zwei Tage dauert jeder der Dachgeschossgipfel, Übernachtung auf dem Kärlinger Haus oder auf der Wasseralm oder im Wildalmkirchlbiwak inklusive.

Wer auf der Wasseralm übernachtet, kann statt des Brandhorns auch das Große Teufelshorn besteigen. Ein einsamer, wilder Berg und der höchste im Hagengebirge. Der Hüttenberg des Kärlinger Hauses heißt Funtenseetauern, mit 2579 Metern auch ein Teil des Daches mit schönem Tiefblick zudem.

Das Riemannhaus im Steineren Meer

Die dritte Unterkunft auf der riesigen Hochfläche ist das Ingolstädter Haus im Nordwesten. Als prominenter Hüttenberg ragt jenseits der Hundstodscharte der Große Hundstod auf. Ein wuchtiger Felsklotz, unnahbar anscheinend und doch recht gutmütig, wenn man von Süden kommt. Und wie es fürs Dachgeschoss typisch ist: Aussicht pur. ■

HAGENGEBIRGE – STEINERNES MEER

Die schönsten Gipfelziele

Schneibstein (2776 m): Einfacher Gipfel über dem Torrener Joch mit wunderbarer Sicht über Hagengebirge und Steinernes Meer. *Ausgangspunkt:* Jennerbahn von Königssee oder Hinterbrand, Aufstieg bzw. Querung zum Stahlhaus (bewirtschaftet) und über den Nordwestrücken zum Gipfel. 2 Std. ab Jenner. Lässt sich zu lohnender Rundtour über Seeleinsee und Königsbachalm ausweiten, die sogenannte »Kleine Reib'n«.

Kahlersberg (2350 m): Schöner, für Hagengebirgsverhältnisse einfach zu erreichender Aussichtsberg, teils versichert.
Ausgangspunkt: Entweder Salet und über Kaunersteig und Landtal oder von Hinterbrand und Seeleinsee oder vom Jenner über den Schneibstein und Seeleinsee. Jeweils 5–6 Std.

Feuerpalfen (1741 m): Prächtige Aussichtskanzel hoch über dem Königssee.
Ausgangspunkt: Hinterbrand bzw. Mittelstation Jennerbahn. Über die Königsbachalm und die Gotzentalalm zur Gotzenalm; der Feuerpalfen schließt das Almgelände ab, 3½ Std.

Funtenseetauern (2578 m): Hausberg des Kärlingerhauses hoch über dem Obersee. Auf Steigen in 3–4 Std. erreichbar, alternativ auch von der Wasseralm über die Lange Gasse. 3–4 Std.

Großes Teufelshorn (2361 m): Höchster Gipfel des Hagengebirges, wegen der Lage im Süden des Gebirgsstocks sehr einsam.
Ausgangpunkt: Wasseralm über dem Obersee, von hier durch die schrofige Westflanke (I), 3 Std.

Breithorn (2504 m): Schöner Gipfel im Süden des Steinernen Meeres, hoch über dem Riemannhaus.
Ausgangspunkt: Riemannhaus (Aufstieg in 4 Std. von Saalfelden oder Übergang vom Kärlinger Haus 3 Std.), 1 Std. ab Riemannhaus.

Schönfeldspitze (2653 m): Wuchtige Pyramide im Süden des Steinernen Meeres.
Ausgangspunkt: Riemannhaus, ab hier 2½ Std., Schwierigkeit I.

Brandhorn (2608 m): Einfach zu erreichender Gipfel im äußersten Südosten des Steinernen Meeres. Gute Aussicht auf die Zentralalpen, auf Hochkönig und die Karsthochfläche des Steinernen Meers. Ausgangspunkt: Maria Alm, zum Gipfel über die Buchauer Scharte und das Wildalmkirchlbiwak, 6–7 Std.

Hütten

Carl-von-Stahlhaus (1733 m): AV-Hütte, ganzjährig geöffnet, außer Weihnachten, Tel. +49/(0)86 52/27 52. *Ausgangspunkt:* Hinterbrand oder Jennerbahn-Gipfelstation, 2½ Std. oder 30 Min.

Schneibsteinhaus (1668 m): privat, Übernachtungsmöglichkeit, Anfang Mai – Ende Oktober geöffnet, Tel. +49/(0)86 52/25 96, Zugang siehe Stahlhaus

Gotzenalm (1685 m): privat, Übernachtungsmöglichkeit, Mitte Mai – Mitte Oktober geöffnet, Tel. +49/(0)86 52/69 09 00. *Ausgangspunkt:* Salet und über den Kaunersteig, 3 Std. rsp. von Hinterbrand 4 Std.

Ingolstädter Haus (2119 m): AV-Hütte, Mitte Juni – Anfang Oktober geöffnet, Tel. +43/(0)65 82/83 53. *Ausgangspunkt:* Weißbach bei Lofer, von Pürzlbach über den Dießbachstausee, 4 Std. oder von St. Bartholomä über Kärlingerhaus 6–7 Std.

Kärlingerhaus (1630 m): AV-Hütte, Ende Mai – Mitte Oktober geöffnet, Tel. +49/(0)86 52/29 95. *Ausgangspunkt:* St. Bartholomä, über die Saugasse, 4 Std.

Riemannhaus (2177 m): AV-Hütte, Mitte Juni – Anfang Oktober geöffnet, Tel. +43/(0)65 82/7 33 00. *Ausgangspunkt:* Maria Alm, 3 Std.

Wasseralm (1416 m): Selbstversorgerhütte, Anfang Juni – Anfang Oktober bewartet. *Ausgangspunkt:* Salet, über den Röthsteig, ausgesetzt, 4 Std.

Biketouren

Gotzenalm: Von Königssee oder von Hinterbrand über die Königsbachalm und die Gotzentalalm zur Gotzenalm. 3 Std., schwierig und steil, 1300 Hm, gut 20 km.

Der Untersberg:
Kalkkoloss an der Grenze

Dem großen Gebirge vorgelagert, bietet das markante Massiv auf engem Raum eine faszinierende Vielfalt für Wanderer, Kletterer und interessierte Naturfreunde.

Majestätisch schweben die drei Vögel heran. Erst als sie schon fast über dem Gipfel sind, erkennen wir sie an den auffallend weißen Köpfen: Gänsegeier. Für den konditionierten Ekel (blutverschmierter Kopf, Aasfetzen am Schnabel etc.) ist es zu spät, wir sind fasziniert von dem eleganten Flug dieser Segelarmada. Jetzt kreisen sie in großem Radius um den Gipfel des Berchtesgadener Hochthrons.

Im Reich der Flug- und Kletterkünstler

Die Thermik der großen, nach Süden und Osten exponierten Felsmauer am Untersberg scheint den Geiern zu gefallen, vor allem dessen Nähe zu Salzburg, denn dort haben sie im Zoo ihren Futterplatz. Es gibt also keinen Grund sich allzu weit vom »Freiabo in der Kantine« zu entfernen.

Die Wandflucht zwischen Berchtesgadener und Salzburger Hochthron gefällt auch den Kletterern. In den gut hundert Jahren Klettern am Untersberg lassen sich wie in einem Buch Fortentwicklung und Moden des Kletterns nachvollziehen. Von den ersten Graten, Kaminen und Rinnen der Jahrhundertwende in den Schwierigkeiten II bis V, begangen von Pionieren wie Franz Barth, Ludwig Purtscheller und Kaspar Wieder, bis zu den modernen Klettereien im VIII. und IX. Grad, eröffnet in glatten, steilen Wandpartien.

Viele, auch sehr schwierige Routen in den Berchtesgadener Alpen sind nur spärlich abgesichert. Wer zwischen Untersberg und Hochkönig klettern will, muss sich über die Absicherung seiner Wunschroute schon genau informieren, oder bescheiden bleiben. Die fast fünf Kilometer lange Wand am Untersberg birgt eine weitere Besonderheit: Nicht weit vom Salzburger Hochthron ist der Eingang der Schellenberger Eishöhle, ein im Sommer beliebtes Ausflugsziel, da man in einer guten Stunde von der Bergstation der Geiereck-Bahn zum Höhleneingang gelangt.

Flügellos und seilfrei

Auch ohne Flügel oder Seil findet man am Untersbergstock die richtigen Ziele. Die beliebtesten Anstiege kommen von Süden herauf, entweder von Hinterettenberg über den Scheibenkaser oder von Hintergern über den Stöhrweg unter der Almbachwand

Fotos: Radehose (1), Strauß (2)

Weißkopfgeier am Untersberg

Die am Untersberg manchmal zu beobachtenden Weißkopfgeier/Gänsegeier stammen aus dem Zoo Salzburg, wo sie einen Futterplatz haben, aber frei fliegen können. Ihr Aktionsfeld umfasst 160 km². Sie gelten als standorttreu und brüten auch am Untersberg. Teils überwintern sie in Kroatien, wo die einzige noch ursprünglich frei lebende Kolonie existiert. Weißkopfgeier haben einen kleinen Kopf, der im Flug abwärts hängt, einen kurzen Schwanz und riesige Flügel mit 2,40 bis 2,80 m Spannweite. Sie werden 30 bis 40 Jahre alt. Ihren Namen haben sie von dem weißen Flaum an Kopf und Hals.

Sonnenbeschienen sind die Felswände des Untersbergs; das Stöhrhaus thront oben auf der Hochfläche

hindurch, und überwinden am »Leiterl« eine Steilstufe aufs Plateau hinauf. Ein bisschen verrückt ist dagegen der Weg durchs Mittagsloch. Über eine geräumige Höhle steigt man mittels Leiter durch einen Felsschlupf und kommt so nahe des Stöhrhauses aus dem Boden wie Barbarossa persönlich. Der soll nämlich laut Sage in den Höhlen am Untersberg hausen. Platz genug ist ja in den vielen Kavernen. Karl der Große und die Schellenberger Erdmännchen sind übrigens seine Nachbarn, behaupten jedenfalls andere Sagen.

Auch der sanfte Höhenzug zwischen Untersberg und dem Tal der Berchtesgadener Ache eignet sich zum Wandern, Spazierengehen und Entdecken. Dort liegen im Süden Vordergern, Hintergern und Obergern, eine Ansammlung schöner Weiler, zaghaft überragt von der Kneifelspitze. Heimlicher Mittelpunkt ist aber Maria Gern. Die Wallfahrtskirche mit dem prunkvollen Barockaltar ist einfach ein Muss, wenn man zu Füßen des Untersbergs weilt.

Eine tiefe Schlucht teilt die Hochflächen von Gern und Ettenberg. Der Almbach hat hier eine wilde Klamm geschaffen. Früher wurde das Wasser genutzt um Holz zu triften, heute geht ein touristischer Klammsteig von der Kugelmühle bis hinauf zur Theresienklause. Jenseits liegt wie ein Spiegelbild Ettenberg, ebenfalls eine schöne Wallfahrtskirche und beliebtes Ausflugsziel. ■

Dem Untersberg vorgelagert: die schönen Weiler Vordergern mit der Barockkirche Maria Gern sowie Hintergern und Obergern; ein Teil der Wassermassen vom Untersberg fließt im Almbach talwärts. Das Naturschauspiel der Almbachklamm mit ihren grünen Gumpen sollte man sich nicht entgehen lassen

UNTERSBERG

Die schönsten Gipfel

Untersberg/Berchtesgadener Hochthron (1972 m): Lange, aber eindrucksvolle Wanderung von der Südostseite auf den Bayerischen Hochthron. *Ausgangsort:* Hintergern (800 m) oder Hinterettenberg (780 m), bei Marktschellenberg. Aufstieg von Hintergern über den Stöhrweg zum Leiterl und über das Stöhrhaus zum Gipfel, 4¼ Std., oder von Hinterettenberg über den Scheibenkaser zum Leiterl und zum Gipfel, 4 Std.
Salzburger Hochthron (1853 m): Aussichtsberg nahe der Untersberg-Gipfelstation. *Ausgangspunkt:* Untersbergbahn bei Grödig, kurze Querung zum Gipfel. ½ Std. oder Aufstieg von Fürstenbrunn über die Steinerne Stiege, 4 Std.
Kneifelspitze (1189 m): Einfacher Wanderberg mit Einkehr am Gipfel und einem der besten Rundblicke in Berchtesgaden. *Ausgangsort:* Maria Gern (730 m); Aufstieg über die Westseite zur Paulshütte; 1¼ Std.

Hütten

Berggaststätte Kneifelspitze/Paulshütte (1189 m), ganzjährig geöffnet, Tel. +49/(0)86 52/62 33. *Ausgangspunkt:* Maria Gern, von Südwesten in 1¼ Std.
Stöhrhaus (1894 m), AV-Hütte, Übernachtungsmöglichkeit, Mitte Mai – Mitte Oktober, Tel. +49/(0)86 52/72 33. *Ausgangspunkt:* Hinterettenberg, Aufstieg über Scheibenkaser und Leiterl in 3½ Std.

Klettersteig

Untersberg-Klettersteig: Neuer Klettersteig (2007 eröffnet) durch die Untersberg-Ostwand auf den Berchtesgadener Hochthron, Schwierigkeit C/D, 400 Hm.

Wege am Wasser

Almbachklamm: Von der Kugelmühle zwischen Berchtesgaden und Marktschellenberg auf ausgebautem Klammsteig zur Theresienklause, 1½ Std.

Seilbahnberge

Salzburger Hochthron mit der Untersbergbahn, im Sommer ab 8.30 Uhr, Tel. +43/(0)62 46/72 47 70

Das Lattengebirge

Die Heimat der schlafenden Hexe

Der niedrigste Gebirgszug der Berchtesgadener Alpen vermittelt sagenhafte Eindrücke über Bad Reichenhall und Bayerisch Gmain.

Die meisten Sagen in den Berchtesgadener Alpen tummeln sich im Lattengebirge. Die bekannteste ist die von der Schlafenden Hexe. Die Türmchen und Felszacken im östlichen Teil des Lattengebirges regen die Fantasie an und so meint man, im Profil eine auf dem Rücken liegende Frauengestalt zu erkennen: Stirn, Nase, Kinn und Brust. Wer vom Pass Hallthurm über den Rotofen zum Lattengebirge aufsteigt, kraxelt auf dieser Hexe herum – also Vorsicht! Die andere bekannte Frauengestalt ist die Steinerne Agnes. Das skurril geformte Naturdenkmal steht etwas weiter südlich und ragt aus dem Wald als Felsturm heraus, auf dem Weg Richtung Dreisesselberg leicht zu besuchen. Sagenhaft geht es im Süden des Lattengebirges weiter: Unterhalb des langen Grates, der vom Hochschlegel und Dreisesselberg über den Törlkopf nach Süden zieht, liegt die Mordaualm. Sie soll laut Sage ihren Namen von einem grausigen Mord erhalten haben. Im äußersten Südosten schließlich, an der ehemaligen Soleleitung von Berchtesgaden zur Saline in Bad Reichenhall, liegt ein unscheinbarer Doppelgipfel mit 1385 und 1391 Metern, beide beliebte Ausflugsziele mit wunderbarem Rundumblick – der höhere der beiden heißt »Toter Mann«!

Auf den niedrigsten Gipfeln

Nirgendwo ist man in den Berchtesgadener Alpen schneller auf Gipfelniveau als im Lattengebirge, denn von Bad Reichenhall und Bayerisch Gmain führen steile Wanderwege auf das niedrigste Massiv der Region. Von der eher sanft geneigten Südseite mit schönen Almflächen wie Mordau- und Moosenalm, zieht es sich zäh bis zu den Hauptgipfeln Predigtstuhl, Hochschlegel, Dreisesselberg und Karkopf.

Die Steinerne Agnes ist geschütztes Naturdenkmal, aber auch beliebtes Wanderziel

Steinerne Agnes

Die Steinerne Agnes ist ein etwa zehn Meter hoher Felsturm mit einem skurril gestalteten Podest. Der Felsturm selbst besteht aus bröseligem Dolomit, der Kopf aus beständigerem Gestein, so dass im Laufe der Zeit ein immer dünnerer Hals den Kopf trägt. Diese geologische Besonderheit ist seit wenigen Jahren als Naturdenkmal geschützt.

Ihren Namen hat die Steinerne Agnes durch eine Sage erhalten. Die keusche Version besagt, dass die brave Sennerin Agnes hier vom Teufel versucht worden und zu ihrem eigenen Schutz – und zum Schaden des Teufels – in Stein verwandelt worden ist. Die sündhafte Version sieht in der Felsgestalt die lasterhafte Agnes, die zur Strafe versteinert wurde.

LATTENGEBIRGE

Die schönsten Gipfelziele

Dreisesselberg (1680 m), Hochschlegel (1688 m), Karkopf (1739 m): Sehr abwechslungsreiche, aber anspruchsvolle Bergtour von der Nordseite auf drei Gipfel. *Ausgangsort:* Bayerisch Gmain (560 m), Aufstieg durch die wilde Alpgartenrinne zu Hochschlegel, Karkopf und Dreisesselberg. Abstieg wahlweise direkt vom Hochsessel nach Norden oder Benutzung der Bahn, 4 Std.

Steinerne Agnes (1320 m): Unschwierige Wanderung auf der Südseite des Lattengebirges. *Ausgangspunkt:* Wanderparkplatz zwischen Bischofswiesen und Pass Hallthurm. Aufstieg durch den bewaldeten Südhang zum Naturdenkmal Steinerne Agnes, 2 Std.

Toter Mann (1392 m): Einfacher Aussichtsberg im Süden des Lattengebirges. Beliebtes Ausflugsziel. *Ausgangsort:* Schwarzeck, 930 m. Aufstieg über die West- und Südseite zum Gipfel. 1½ Std.

Hütten

Berghotel Predigtstuhl (1613 m), ganzjährig geöffnet, Tel. +49/(0)8651/96850, Aufstieg/-fahrt wie Predigtstuhl

Biketouren

Über das Lattengebirge: Von Bad Reichenhall zur Anthauptenalm und über die Dalsenalm und die Moosenalm steil zur Schwarzbachwacht hinunter, hinauf zur Mordaualm, weiter zum Klaushäusl und über Winkl und den Pass Hallthurm zurück nach Reichenhall. 4–5 Std., schwierig, 1500 Hm und 36 km.

Wege am Wasser

Almbachklamm: Von der Kugelmühle zwischen Berchtesgaden und Marktschellenberg auf ausgebautem Klammsteig zur Theresienklause, 1½ Std.

Seilbahnberge

Predigtstuhl (1607 m): Bergbahn von Reichenhall aus, ganzjährig, im Sommer ab 8.30 Uhr, www.predigtstuhl-bahn.de

Toter Mann/Hochschwarzeck (1392 m): Sessellift vom Schwarzeck zum Hirschkaser, dem Nachbargipfel des Toten Mannes. www.hochschwarzeck.info

Die Alte Saline in Bad Reichenhall gilt als einer der schönsten Industriekomplexe bayernweit

Der Alpgarten unter Hochschlegel und Dreisesselberg ist ein wirklich wildes Tal. Unten das breite Bachbett, dann die enge Schlucht, schließlich eine Rippe hinauf ins weite Geröllkar. Ganz oben verlässt man die Rinne und steigt befreit nach rechts heraus auf das Plateau. Endlich kann man auch den Blick schweifen lassen. Reiteralm, Hochkalter, Watzmann und Göll bilden im Süden einen Halbkreis. Nach gebührender Pause steigt man auf einem der vielen Wege wieder hinab nach Reichenhall. ■

An der Mayrbergscharte – durch ein Felsenfenster schaut man hinaus ins weite Umland.

Die Reiteralm
Wildes Hochplateau im Westen

Höhlen in Berchtesgaden

Der Berchtesgadener Kalk ist reich an Höhlen. Sie bildeten sich im Tertiär, als die Hochflächen der heutigen Gebirge die Landoberfläche darstellte. Mit der Alpenentstehung fielen die oberen Teile der Höhlensysteme trocken, so dass heute nur noch jene Höhlen »aktiv« sind, die auf Talniveau liegen.

Besonders höhlenreich sind Untersbergmassiv, Hagengebirge und Steinernes Meer. Hier liegen auch die tiefsten und längsten Höhlensysteme Deutschlands: Salzgrabenhöhle im Steinernen Meer, zweitlängste Höhle Deutschlands, 9000 m; Wildpalfenhöhle im Hagengebirge, siebtlängste Höhle Deutschlands, 6000 m lang; Riesending am Untersberg, tiefste deutsche Höhle, 987 m tief; Geburtstagsschacht am Hohen Göll, zweittiefste Höhle, 698 m tief. Die einzige Schauhöhle in Berchtesgaden ist die Schellenberger Eishöhle nahe der Toni-Lenz-Hütte. Ihr Eis ist bis zu 3000 Jahre alt.

Gefährlich sind die sogenannten Schachthöhlen im Winter, wenn die Eingänge durch eine dünne Schneedecke nicht mehr erkennbar sind, aber Absturzgefahr in die tiefen Schächte besteht, zum Beispiel am Untersberg (bis zu 100 m), im Watzmannkar (70 m, aber mit Gitter gesichert) oder im Lattengebirge (bis 30 m).

Lange Touren, einsame Anstiege in karstiger Ödnis und klassische Klettertouren charakterisieren den westlichsten Teil der Berchtesgadener Alpen. Die Mayrbergscharte wird von Wagendrischelhorn und Stadelhorn eingeschlossen, zwei der markanten Reiteralmgipfel. Der »vernünftige« Weg hierher kommt von der Neuen Traunsteiner Hütte herüber. Die Reiteralm ist nämlich ein riesiges Hochplateau mit nach allen Seiten steil abfallenden Rändern, aus deren Hochfläche ein paar felsige Gipfelzakken emporragen. Die höchsten befinden sich am Südwesteck und sind Stadelhorn, Häuselhorn und Wagendrischelhorn. Die einzige Unterkunft und überhaupt der einzige Ort der »Labsal« ist die Traunsteiner Hütte in der westlichen Hälfte der Hochfläche. Der Rest des Gebirges vermittelt den Eindruck des schrofigen, teils latschenbewachsenen Karstplateaus, auf dem man vor allem Wasser vergebens sucht.

Die Vernunft empfiehlt daher auf einem der drei Hüttenwege zuerst hierher zu wandern. Die geringsten Höhenmeter legt man auf dem Wachterlsteig zurück, der von Osten von der Schwarzbachwacht aufs Plateau heraufkommt. Die beiden anderen Möglichkeiten kommen von Westen und Norden herauf: der Alpasteig aus dem Saalachtal südlich von Unken und der Schrecksteig von Norden. Drei bis vier Stunden benötigt man, egal von welcher Seite man kommt. Von der Hochfläche aus stehen dann aber – an einem weiteren Tag – diverse Gipfeltouren zur Auswahl.

Am Westrand

Da ist einmal der Große Weitschartenkopf, dessen Südflanke bis ins Almgelände der Traunsteiner Hütte zieht und den man in einer Stunde durch immer kargere Almmatten erreicht, um dann oben das weite Hochplateau der Reiteralm komplett zu Füßen zu haben. Nach der anderen Seite geht es steil ins Saalachtal hinunter. Wer nicht über den Schrecksteig aufgestiegen ist, würde nie glauben, dass ein paar hundert Meter weiter drüben ein Weg durch die Flanken zieht. Ein wenig weiter, aber auch unschwierig zu erreichen, sind die Drei Brüder. Von den erhabenen Positionen der Gipfel wird deutlich, wie hilflos man auf der Reiteralm ohne Wege wäre. Welch unübersichtliches Durcheinander von Kuppen und Tälchen, welch Latschendikkicht, welch schrofige Weite!

In der Vertikalen

Den ganzen Herbst 1999 war das Klausbachtal von hellem Staub bedeckt, nachdem am 8. September die Hälfte des Kleinen Mühlsturzhorns in einem riesigen Felssturz ausgebro-

Fotos: Radehose, Strauß

Auf schmalen Steigen durch die wilde Landschaft; rund um Häuselhörner, Wagendrischlhorn und Stadelhorn zeigt sich die Reiteralm besonders markant

chen war. Seither fehlen im Berchtesgadener Kletterführer drei Routen. Mangel herrscht trotzdem nicht. Großes Mühlsturzhorn, Wagendrischelhorn und Häuselhorn werden jeweils von Dutzenden Routen durchzogen, viele neue, anspruchsvolle in den oberen Schwierigkeitsgraden sind darunter. Die beiden berühmten Klettergipfel Stadelhorn und Wagendrischelhorn sind auf kurzen Klettersteigen auch ohne Seil zu schaffen. Eine Rundtour über Böselsteig und Schaflsteig – oder umgekehrt – bietet sich geradezu an. Lang und nicht ohne ist die Tour, denn der Böselsteig hat immer wieder Steilstufen mit Seilversicherung und auch am Schaflsteig wünscht man sich vier Füße mit Hufen unten, um sicherer im steilen Gelände zu stehen. Dafür sind die Pausen umso entspannender: am Wagendrischelhorn neben dem Gipfelkreuz, an der Mayrbergscharte mit ihrem kleinen Felsenfenster, am Fuß des Stadelhorns, wenn man auf die sonnigen Wände der Häuselhörner schaut. ■

REITERALM

Die schönsten Gipfelziele

Großer Weitschartenkopf (1979 m): Unschwieriger Hüttenberg der Neuen Traunsteiner Hütte, direkt am Nordrand der Reiteralmplateaus.
Ausgangspunkt: Parkplatz beim Bundeswehrgelände südlich von Oberjettenberg. Aufstieg zur Neuen Traunsteiner Hütte (bewirtschaftet) und über den Südosthang zum Gipfel, Trittsicherheit nötig. 4¾ Std.

Großes Hundshorn (1703 m): Der Reiteralm westlich vorgelagerter Aussichtsberg mit für Berchtesgaden ungewöhnlich kurzem Zustieg. *Ausgangspunkt:* St. Martin oder Wildenbachtal, Aufstieg über die Scheffersnoth Alm oder die Hundsalm. 3½ bzw. 2 Std.

Wagendrischelhorn (2251 m) und Stadelhorn (2287 m): Zwei der bedeutendsten Gipfel der Reiteralm können in einer sehr langen Tour kombiniert werden. Abwechslungsreiche Tour mit alpinem Flair.
Ausgangspunkt: Hintersee bei Ramsau (789 m), vom Hintersee über den Böselsteig (versichert) auf die Hochfläche, weiter Richtung Wagendrischelhorn, teils versichert, I – II und von der Scharte zwischen den Gipfeln zum Stadelhorn, zum Gipfel I, schrofig. Abstieg über Mayrberg-Scharte (versichert) auf Schaflsteig Richtung Hirschbichlpass und zurück durchs Klausbachtal. 10 – 11 Std.

Hütten

Neue Traunsteiner Hütte (1570 m), AV-Hütte, Übernachtungsmöglichkeit, Mitte Mai – Ende Oktober, Tel. +49/(0)171/4378919, **www.traunsteinerhuette.com**, Ausgangspunkt: Oberjettenberg, über den Schrecksattel, 3½ Std. oder von Schwarzbachwacht über Wachterlsteig, 3½ Std.

Biketouren

Reiteralmrunde: Von Unterjettenberg über Oberjettenberg, Mayrberg und Hundsalm auf die Südseite der Reiteralm, vom Hirschbichlpass durchs Klausbachtal zum Hintersee und über die Schwarzbachwacht zurück. 6 Std., sehr lange, schwierige Tour, 1800 Hm und über 50 km.

Die liebliche Bindalm bildet den perfekten Kontrast zur felsigen Reiteralm

Der Hochkalter
Das Gebirge für Könner

Vis à vis vom Watzmann erstreckt sich westlich über dem Wimbachtal im Nationalpark Berchtesgaden der Hochkalter. Ein wilder Bergstock, unzugänglich, ohne leichte Anstiege.

Vor hundert Jahren verlor der Hochkalter bei einem gewaltigen Bergsturz den Gipfel. Am 24. August 1908 löste sich ein Gesteinspaket von über einer halben Million Tonnen. Bis in die 60er Jahre kam es immer wieder zu Felsstürzen in dem Kessel um den Hochkalter. Die Dynamik im Blaueistal ist unübersehbar: Die Blaueishütte liegt mitten in einem gewaltigen Felssturzgelände, von der eingeebneten Hüttenterrasse abgesehen gibt es keine gerade Fläche

Das bedeutendste Ziel von der Blaueishütte ist der Hochkalter selbst. Je nachdem, welche Karte man betrachtet, wird man nicht einmal einen Weg verzeichnet finden. Das hat seinen Grund: Die Hochkaltergruppe wird als die »vielleicht schönste« Berchtesgadener Gruppe gehandelt, aber auch als anspruchsvollste. Der Normalweg über den »Schönen Fleck« überwindet eine kleine Felswand mit Schwierigkeit II. Die kurze Kletterei ist mit schönen Henkelgriffen ausgestattet und daher recht gutmütig. Trotzdem – von einem Weg für jedermann kann nicht die Rede sein. Traut man sich diese Schwierigkeit aber zu, dann ist der Hochkalter Normalweg wohl wirklich der schönste innerhalb der Berchtesgadener Prominenz. Fast zwei Kilometer geht es ab dem Schönen Fleck, einem kleinen Rasenpolster an der Scharte, am Grat entlang hinauf zum Hochkalter. Links bricht der Kamm steil über Felswände mit etlichen Kletteranstiegen hinunter ins Blaueiskar. Rechts ist das Gelände etwas gutmütiger, steile Wiesenflanken und Schrofen führen ins Klausbachtal hinunter.

Rund um den nördlichsten Gletscher

Guten Ruf besitzt auch der Anstieg übers Blaueis. Im Kar hinter der Hütte liegt der nördlichste Alpengletscher,

Fotos: Strauß

Im Taubensee spiegeln sich Watzmann und Hochkalter

das Blaueis. Oder was von ihm noch übrig ist. Die schöne Eis- und Felstour über diesen Eiswulst dürfte bald nicht mehr existieren. Zur Zeit erstreckt sich das Blaueis noch ein paar hundert Meter ins Kar hinab, in der Mitte schaut grau der Felsuntergrund heraus. Bei guten Verhältnissen kann man über das Eis aufsteigen bis zur Blaueisscharte und dann über Felsgelände zum Gipfel kraxeln (II). Im Winter ist das Blaueis sogar eine beliebte Skitour. Ist der Gletscherrest aber blank oder die Randkluft weit offen, wird der Anstieg etwas für Experten. Hüttenwirt Hang senior formulierte seine Antwort bezüglich der Steilheit des Gletschers und der Verhältnisse einmal recht treffend: »Guat gehen muasst kenna.«

Die Blaueisumrahmung zwischen Steinberg und Hochkalter ist schon lange eine beliebte alpine Kletterei (IV), unten in den glatten Kalkplatten sind in den letzten Jahrzehnten einige leichte und mittelschwere Klettereien dazugekommen.

Am Rand des wilden Felskessels kann man auf der Westseite über einen Steig zum Schönen Fleck hinaufsteigen und im Osten gibt es einen Steig auf die Schärtenspitze. In einer guten Stunde erreichbar ist die Schärtenspitze der Hüttenberg geworden.

Gefährliche Gipfel, romantische Almen

Wenn man Hochkalter sagt, meint man aber nicht nur den Gipfel, sondern auch die ganze Gruppe und die zieht sich noch weit nach Süden. Der Eindruck, den das Massiv vermittelt, ist je nach Blickwinkel sehr unterschiedlich. Aus dem Wimbachtal steht man vor einer langen Wandflucht, geborstenes Gestein, wilde Lawinengräben, eine Geisterbahn für Bergsteiger. Dass hier früher Anstiege gesucht und von Johann Punz oder Georg Leuchs gefunden wurden, liegt wohl auch an der damals anderen Art des Kletterns.

Von Westen gesehen ist der Hochkalterstock ein von großen Tälern geformtes Gebirge. Ofental, Steintal und Sittersbachtal ziehen gleichförmig zum Klausbach hinab, durch ersteres verläuft eine schöne Abstiegsmöglichkeit vom Hochkalter. Noch weiter im Süden erblickt man zwei weitere Täler: Hintereis und Kleineis, die vom Hocheisspitz-Kammerlinghorn-Kamm herabziehen. Die beiden Gipfel sind außer Hochkalter und Schärtenspitze auch die einzigen, die vom Hirschbichlpass häufiger bestiegen werden.

An der Hocheisspitze knickt der Kamm nach Osten weg. Alpelhorn, Sigeretkopf, Palfelhörner – weiße Flecken im Alpingedächtnis, aber eine schöne Kulisse, wenn man sie aus dem Almgelände sieht. Bindalm und Kallbrunnalm auf der Südwest- und Südseite des Kalterstocks entschädigen für die Gipfel. Wer trotzdem nicht auf ein Gipfelerlebnis verzichten will, findet im äußersten Süden zwei niedrige Ziele. Über der Kallbrunnalm geht es einen Wiesenhang hinauf, dessen höchster Gupf Kühkranz heißt. Auf einem Steig kann man von hier noch weitergehen zum aussichtsreichen, aber schwierigeren Hochkranz.

Ein paar Kilometer östlich steht hoch über dem Dießbach-Stausee das Seehorn. 360°-Panorama ist hier geboten von den Berchtesgadenern bis zu den Tauern. Durch lichten Wald, am kleinen Seehornsee vorbei und am Sennerinkreuz hinauf auf den steinigen Westrücken. Dass selbst einer der einfachsten Berge in der Hochkaltergruppe seine Gefahren birgt, liest man dort auf einem Marterl: Eine Sennerin ist hier beim Schafesuchen im Schneesturm erfroren. Im August! ■

Fotos: Ritschel, Strauß

HOCHKALTER

Die schönsten Gipfelziele

Hochkalter (2607 m)
Großer und beeindruckender, aber auch auf dem Normalweg schwieriger Gipfel. Zwei großartige Rundtouren sind über das Blaueis und den Normalweg oder über Normalweg und Ofental möglich, wird meist als Zweitagestour unternommen.
Normalweg: *Ausgangspunkt* Seeklause am Hintersee. Über die Schärtenalm (bewirtschaftet) zur Blaueishütte (bewirtschaftet) und von hier über den Kleinkalter zum Gipfel. Anspruchsvolle Bergtour, kurze Stellen II, 6 Std., Abstiegsmöglichkeit durch das Ofental ins Klausbachtal.
Über das Blaueis:
Aufstieg zur Blaueishütte und über den Gletscherrest in die Blaueisscharte, Bergtour mit Hochtourencharakter und leichter Kletterei (II) zum Gipfel. 7 Std.

Schärtenspitze (2153 m)
Relativ einfacher Hüttenberg der Blaueishütte. *Ausgangspunkt:* Seeklause am Hintersee. Über die Schärtenalm (bewirtschaftet) zur Blaueishütte (bewirtschaftet), hier auf Steig zum Gipfel. Trittsicherheit nötig, 1 Std. ab Hütte.

Kammerlinghorn (2484 m)
Aussichtsreiche Bergtour im Süden der Hochkaltergruppe. *Ausgangsort:* Hirschbichlpass (1148 m), Einkehr. Erreichbar von Hintersee (Bus) oder vom Ende der Weißbachstraße in ½ Std. zu Fuß. Über die Mittereisalm und den Karkopf zum Gipfel, 4 – 4½ Std.

Seehorn (2321 m)
Einsamer Wandergipfel über dem Dießbach-Stausee. *Ausgangsort:* Pürzlbach (1095 m) bei Weißbach. Über die Kallbrunnalm und den Seehornsee zum Gipfel, Trittsicherheit nötig, 4½ Std.

Hochkranz (1953 m)
Kühn geformte Aussichtskanzel hoch über dem Saalachtal. *Ausgangsort:* Pürzlbach (1095 m) bei Weißbach. Über die Kallbrunnalm und den Kühkranz zum Gipfel, gesicherte Passagen, II, 2½ Std.

Hütten

Blaueishütte (1680 m), AV-Hütte, Mitte Mai – Mitte Oktober geöffnet, Tel. +49/(0)8657/271, **www.blaueishuette.de.** *Ausgangspunkt:* Hintersee, über die Schärtenalm, 2½ – 3 Std.

Biketouren

Hochkranz-Umrundung: Von Pürzlbach über die Kallbrunnalm und weiter nach Norden zum Jagdhaus Falleck, hier kurz auf der Hirschbichlstraße und über die Feichtmaißalm zurück nach Stocklaus an der Zufahrt nach Pürzlbach. 3 Std., 26 km, 1200 Hm.

Berchtesgadener Land
Alles andere als flach.
Starkes Echo
Familienspaß!
Bayern
7 Übernachtungen in Appartements
1 x OberbayernCard für 3 Tage
1 x Lagerfeuer mit Grillmöglichkeit
1 Nacht im Tipi-Zeltlager
1 x Ponyreiten für Kinder
u.v.m.
pro Person ab
199 €
Buchungshotline: +49 (0) 8652 65650-42 oder -40
www.berchtesgadener-land.com

Berchtesgadener Land
Alles andere als flach.
Wanderspaß
Lust auf Natur!
Bayern
7 Übernachtungen
7 x Frühstück
1 x Fahrt über den Königssee bis St. Bartholomä
1 x Fahrt mit der Hochschwarzeckbahn
1 x Fahrt mit der Jennerbahn
1 x Brotzeit in einer typischen bayerischen Braugaststätte
u.v.m.
pro Person ab
209 €
Buchungshotline: +49 (0) 8652 65650-42 oder -40
www.berchtesgadener-land.com

Vom »Kederbacher«

Als Alexander Huber 1992 die Route »Om« (XI) am Wandfuß der Göll-Westwand erstbeging, war diese eine der schwierigsten Routen weltweit

Foto: Hein Zak

bis »End of Silence«

Watzmann und Hoher Göll, Reiteralm und Untersberg – das sind die Reizworte für Kletterer in den Berchtesgadener Alpen. Im Zeichen dieser Gipfel steht auch die klettersportliche Erschließung der Region. Horst Höfler hat für jedes der Massive eine klettersportliche Epoche herausgearbeitet.

Das berühmte »Wiederband« in der Ostwand der Watzmann-Mittelspitze ist Kernstück der »Wieder-Route« (III)

Watzmann

Am Pfingstsonntag 1881 packte er an, der Kederbacher, zusammen mit seinem Wiener Gast Otto Schück. Jahrelang hatte der Ramsauer Bauer und Bergführer »seine« Wand studiert, sich im Geiste eine Route zurechtgelegt, die er nun zielstrebig verfolgte. Das grasdurchsetzte Schrofengelände zu Beginn war ihm kein Hindernis, auch das steile Firnfeld nicht, das das große Kar im Wandzentrum abschloss. Die Randkluft forderte kühles Blut und an den jenseitigen Felsen hieß es gut stehen. Schück rührte sich drunten am Spaltenrand nicht vom Fleck, wie von Johann Grill (nach seinem Hausnamen »Kederbacher«) befohlen; so lange nicht, bis dieser Stand gefunden hatte und zum Nachkommen aufforderte. Das musste die entscheidende Stelle gewesen sein, Grill ahnte es. Die Mittelspitze war zwar noch weit, doch der Ramsauer setzte zügig Schritt für Schritt. Was sollte ihn, den Routinier, noch aufhalten? Allein die Stelle da drunten, die jetzt hinter ihnen lag, hatte ihm bei seinen Erkundungsgängen Rätsel aufgegeben. Aber sie ging besser als gedacht und jetzt zog man gipfelwärts. (Erst die Zweitbegeher Punz-Preiß/Purtscheller stiegen zur Südspitze aus.) Eine große Tat! 1800 Meter Fels. Mit Durchsteigung der Bartholomäwand des Watzmanns sagt man, sei der Kederbacher in den Nördlichen Kalkalpen seiner Zeit um Jahre voraus gewesen. An der »Schöllhornplatte« (benannt nach Christian Schöllhorn, dem ersten Toten der Watzmann-Ostwand, 1890) hatte er etwa den IV. Schwierigkeitsgrad erreicht.

Weitere Ostwand-Hauptrouten

Der Nürnberger Mediziner Georg Leuchs durchkletterte 1900 mit Wilhelm v. Frerichs eine neue Route im südlichen Teil der Ostwand. Wer hat sie je wiederholt? Sie soll schwerer sein als der Kederbacherweg. Auf der Suche nach einem Randkluft unabhängigen Weg (ab Spätsommer kann sie ein unüberwindliches Hindernis darstellen) fanden 1923 Hans und Hermann Feichtner, Viktor Reitmayr und Ludwig Schifferer ihren »Salzburger Weg« (IV+/A0) am Wandpfeiler links des Schöllhorneises. Eine leichtere Möglichkeit erschloss sich sechs Jahre später dem Münchner Fritz Thiersch (wie Leuchs und von

Das Prunkstück der Berchtesgadener Alpen: Hier wurde 1881 Alpingeschichte geschrieben

Frerichs aus dem Akademischen Alpenverein München), wozu mir dessen ältester Enkel im September 2007 schrieb: »Fritz hatte ein großes Problem. Er hatte seiner Mutter versprechen müssen, niemals mit seinen Kameraden in die gefährliche Ostwand einzusteigen: Fritz' Ausweg aus diesem Dilemma war die Solobegehung – schließlich war er nun nicht ›mit seinen Kameraden‹ unterwegs. So kam es, dass er seine ersten Schritte in der Wand alleine und auf neuer Route machte. Der Tag der Erstbegehung (15. Juli 1929) war bereits der vierte

Fotos: A. Strauß, (1), Horst Höfler (2), Archiv Buhl (1)

Hermann Buhl in den frühen 50er-Jahren an der Südkante (V+) des Dritten Watzmannkindes

Anlauf. (...) Er erleichterte sich die Kletterei durch die Mitnahme einer ›Vorhangschnur‹, einer Fünf-Millimeter-Reepschnur, die ihm an den schwierigen Stellen (IV) dazu diente, den Rucksack hinterher zu ziehen. Auf diese Weise gelang ihm der ›Münchener Weg‹ mit seinen schwierigen Kletterstellen am Münchener Turm und an der Unterbrechungsstelle des Ersten Bandes, also nach Zusammentreffen mit dem ›Salzburger Weg‹. Die Mutter war somit erfolgreich ausgetrickst.« Soweit Georg Fleischmann.

1947 wollten die Berchtesgadener Josef Aschauer und Hellmuth Schuster jenen »Münchener Weg« begehen, verpassten aber die Abzweigung, kletterten über die heute so genannte »Platte« (über die auch schon Leuchs/v. Frerichs bei ihrer Neutour gelangt waren), um über die »Rampe« einen Ausweg zu finden: Der »Berchtesgadener Weg«, die fürderhin meistbegangene und leichteste Ostwandroute, verdankt ihre Erstbegehung einem »Verhauer«! Damit waren die Hauptrouten eröffnet. Erst 1999 kam noch eine lohnende selbständige hinzu: Der »Franz-Rasp-Gedächtnisweg« (VI) von Michael Graßl, Lisa Meyer und Peter Hundegger an der Steilwand links des Salzburger Pfeilers. Franz Rasp, der »Hasei«, war im Zuge seiner 295. Ostwanddurchsteigung am Neujahrstag 1988 zusammen mit seinem Gast Max Stauber am »Berchtesgadener Weg« umgekommen – bei einem unter Bergführern zu Recht gefürchteten Seilschaftsabsturz! Den Durchsteigungsrekord hält mittlerweile »Watzmannkönig« Heinz Zembsch mit 358 Wandbegehungen. Zu meiner Freude konnte ich bei Durchsteigung Nr. 200 (1994) und 300 (2002) mit von der Partie sein.

Und sonst noch am Watzmann

Unter dem Dutzend Kletterrouten der Watzmann-Hocheck-Ostwand ist jene von Josef Aschauer (Direkte Ostwand, V, 1921) eine ziemlich anspruchsvolle Freikletterei. »Asche« hatte nach eigenem Bekunden kein Geschick zum Hakenschlagen. Es ging auch ohne: »Des war wirklich schwer. Da muasst mit der Hand in den Riss und drinnen a Faust macha, und dann ziagst di dro nauf«, erzählte Aschauer dem Zembschei und mir 1993. Und er resümierte am Schluss unseres Stunden langen Gesprächs: »Ja, es war a schön's Leb'n.« 1995 ist der »Asche« verstorben. Er wurde 93 Jahre alt.

Wer vom »Wiadabandl« redt', spricht von der Watzmann-Mittelspitze-Ostwand. Die bei guten Verhältnissen und schönem Wetter leichte Kletterei (III) fanden 1920 Kaspar Wieder und Kurt Lapuch. An den Watzmannkindern gilt die Direkte Südkante des Dritten Kindes (V+) zu Recht als großer, alter Klassiker. Anderl Hinterstoißer und Toni Kurz eröffneten ihn 1935. Bleibt die schöne, 400 Meter hohe Westwand des Kleinen Watzmanns. Bereits 1908 hatten Franz Barth und der schon genannte Wieder ihre Schwachstellen entdeckt. Die Alte Westwand (III+) erfreut sich immergrüner Beliebtheit. Deutlich anspruchsvoller die Direkte Westwand (V) mit ihrer Hangeltraverse, eine Beute von Josef Aschauer und Sepp Kurz. Unter den schweren Routen ragt eine besonders heraus: Das »Sakrische Eck« von Rudi Klausner und Sepp Aschauer (1981), der erste »offizielle VIIer« in den Berchtesgadener Alpen.

Hoher Göll

Blick aus der »Brandensteinroute« (Göll-Westwand) in den zentralen Wandbereich mit den beiden Trichtern; über den rechten Pfeiler verläuft »Scaramouche« (X–)

Schwabenstreiche …

Ein VIIer ist in den Berchtesgadenern sehr wahrscheinlich bereits 1971 geklettert worden, vom Neu-Ulmer Sepp Mack, der zu jener Zeit im Reichenhaller Hochgebirgszug Wehrdienst schob und in seinem Zugführer Sepp Babl einen starken Partner und Förderer fand. Im Zentrum der Westwand des Hohen Gölls sind jeweils südlich der beiden Trichter markante, glattwandige, 250 bzw. 450 Meter hohe Pfeiler ausgebildet. Der neben dem Kleinen Trichter aufragende ist der Westwandpfeiler. Den Zugang zum obersten Abschnitt schaffte Mack mit seinem »Sonntagsquergang« (VII), an der Ausstiegswand ging freilich nur noch was mit Bohrhaken, die indes erstaunlich weite Abstände aufweisen. Babl/Mack fanden auch noch am »Trichterpfeiler« (VI/A2) und mit der Nordostverschneidung des Wartsteins (VI+, Reiteralm) Felsenneuland. Sepp Mack erstieg während der Herrligkoffer-Expedition 1978 den Mount Everest (zusammen mit Hans Engl, der ohne Flaschensauerstoff auskam), der »Babe Sepp« verunglückte 1993 bei einem Gleitschirmflug am Hochstaufen tödlich.

… und anderes an der Göll-Westwand

Die ersten, die sich an die Göll-Westwand gewagt hatten, waren Josef Klammer, Max Zeller und R. Kroher. Die »Zellerschlucht« wird zu Unrecht nur noch selten begangen. Beliebt hingegen die mehr gegen das Wandzentrum zielende »Alte Westwand« (III+), 1920 von Wilhelm Brandenstein im Alleingang eröffnet. Zwei Jahre danach ein Quantensprung in punkto Schwierigkeit: Aschauer/Kurz trugen das Kletterniveau Dülfers endlich in die Berchtesgadener Alpen. Mit dem »Großen Trichter« (V+), den sie mit einem Seilquergang erreichten. Schon Jahrs zuvor war ihnen die sog. »Direkte Westwand« (V–) geglückt, eine gewagte Freikletterei im vermutlich unsympathischsten Winkel der Göll-

Alexander, streck' dich! Alexander Huber klettert die Schlüsselstelle seiner Route »Om« (XI)

Reiteralm

Westwand. Der schwerere »Kleine Trichter« fand während des Weltkriegs im Jahr 1943 seine Durchsteiger (Gauder/Helminger), ein langer, anspruchsvoller Klassiker. Dies gilt im verstärkten Maß für den direkten Zustieg zum Kleinen Trichter (Albert Hirschbichler/Hans Niederberger, VI–), einer reinen Freikletterei. Im Juni 1989 krönten die Pallinger »Huber Buam« ihre Jahre langen Vorarbeiten am Westwandpfeiler mit »Scaramouche« (erste Rotpunktbegehung im September des gleichen Jahres), mit X– damals eine neue Dimension im Alpinklettern nicht nur in den Berchtesgadener

Josef Aschauer (rechts) und Sepp Kurz waren in den 20er-Jahren die erfolgreichste Seilschaft in den Berchtesgadener Bergen

Heinz Zembsch, der »Watzmannkönig« in der Brandensteinführe (Göll-Westwand)

Der unvergessene Hari Berger bei der Wiederholung von »End of Silence« (X+) am Feuerhörndl

Fotos: Hein Zak (1), Hermann Erber (1), Horst Höfler (1), Archiv Höfler

Alpen. Die Route vereinigt sich mit dem Westwandpfeiler von Mack/Babl, die Hubers bohrten eine Umgehung (VIII) der alten Bohrhakenstrecke ein. 1992 realisierte Alexander Huber mit »Om« an der Triangelwand am Wandfuß der Göll-West den Spitzen-Schwierigkeitsgrad XI.

»End of silence«...

»Buam« sind sie ja nun schon längst nicht mehr, die »Huaberischen«, sondern – jeder der beiden auf seine Art – g'standene, bis in die letzte Muskelfaser austrainierte Mannsbilder. Die Symbiose von Kreativität, Können, Bewegungstalent und Kraft führte sie schon in jungen Jahren zu den verblüffendsten Leistungen. An der Reiteralm fing alles an, mit ihrem »Rauhnachtstanz« (VI+, 1984) an der Südwand des Wagendrischlhorns, die erste gemeinsame Neutour, die damals noch Thomas komplett zu führen hatte. Da waren sie tatsächlich noch Buben, vor allem der jüngere Alexander, der binnen zwei Jahren aufholte. An den Reiteralm-Nordabstürzen

Das Große Mühlsturzhorn mit seiner markanten Südkante

überm Saalachtal setzten die Hubers über ein Jahrzehnt hinweg ihre intensiven Duftmarken. »Dave lost« (VII), »Utopia« (VIII), »Siddharta« (IX–), »Vom Winde verweht« (X–), »Monstermagnet« (X/X+; weite Hakenabstände sind bei all diesen Routen obligat) heißen Stationen dieses »Kletter-Dreamteams«. Natürlich gingen Thomas und Alexander auch mit anderen Partnern oder es suchte jeder für sich seine ganz bestimmte Herausforderung. So zum Beispiel Thomas Huber mit »End of Silence« am Feuerhörndl, ein Projekt, das ihn über acht Jahre hinweg beschäftigen sollte. 1994 glückte Thomas die erste Rotpunkt-Begehung (X+), die Route gehört mit »Silbergeier« (X+, Beat Kammerlander; Rätikon) und »Des Kaisers neue Kleider« (X+, Stefan Glowacz; Wilder Kaiser) zu den drei schwersten Freikletterrouten alpenweit.

An der Reiteralm

Was hat sich allein im Gebirgsstock der Reiteralm über die Jahrzehnte hinweg alles getan! Angefangen von Leuchs' Grundübelturm-Erkletterung (1900, IV–), der Südkante des Großen Grundübelhorns (V–, Feichtner/Langtaler, 1913), der Geraden Südwand des Großen Häuslhorns (V, Kadner u. Gef., 1920) über die heroischen 1930er-Jahre mit der leistungsstarken Seilschaft Toni Kurz/Anderl Hinterstoißer (Wartsteinkante, Direkte Südkante des Großen Mühlsturzhorns) und den Lobenhoffer-Routen der späten 1940-er bis zu den teils wüsten Technotouren eines Werner Schertle, der natürlich auch gut freiklettern konnte.

Schertle dominierte ab 1962 in den Berchtesgadenern über ein Dezennium das »Direttissima-Zeitalter«, wobei ihm an den Südabstürzen der Reiteralm seine größten Unternehmungen glückten: Direkte Südwand des Großen Mühlsturzhorns (mit Klaus Werner), Südwand des Ostsporns am Kleinen Mühlsturzhorn (A3/VI, mit Klaus Werner), »Christlweg« an der Südwestwand des gleichen Berges. Albert Hirschbichler vermerkt, dass die teils schauerlich-brüchige Tour innerhalb von 30 Jahren nur sieben Begehungen aufgewiesen habe. Am 8. September 1999 ging ein mächtiger Felssturz über die Wand, der den »Christlweg« zerstörte.

Was die schon angesprochenen, immer etwas düsteren Nord- bzw. Westabbrüche der Reiteralm über dem Saalachtal angeht, so begann dort die Erschließung 1912 mit der Westwand des Großen Weitschartenkopfs (V). Als genussvoller Anstieg oberen vierten Grades ist die Nordwand des Hirschecks

Anderl Hinterstoißer (links) und Toni Kurz nach der Erstbegehung der Direkten Südkante des Großen Mühlsturzhorns am Gipfel

Die Südkante (V) des Grundübelhorns zählt zu den großen Berchtesgadener Klassikern

Alexander Huber klettert seine Route »Monstermagnet (X/X+) am Hinteren Feuerhörndl

Hans Lochner lauscht der »Unendlichen Geschichte« (VIII+) am Untersberg

In den Südabstürzen des Untersbergs wird seit mehr als 100 Jahren Klettergeschichte geschrieben

Untersberg

(Hans u. Hermann Feichtner, 1923) immer noch ein Geheimtipp. 1973 gelang dem jungen Karl Schrag zusammen mit Sepp Trippacher mit der »Sepp-Rieser-Gedächtnisführe« (VI+/A1 oder VIII–) an der Wartsteinwand eine schwierige Route an einer der – wie Hirschbichler sagt – steilsten und plattigsten Wände der Berchtesgadener Alpen.

Richard Koller sucht das »Untersberg-manndl« (VII) an der Untersberg-Südwand

Der Untersberg

Das vierte große Kletterzentrum in den Berchtesgadener Alpen ist der Untersberg. Eine erste Route (am Nordrand der langen Wandflucht) eröffnete Altmeister Ludwig Purtscheller mit dem Geiereck-Ostgrat (zumal mit Zustieg aus dem Rosittenkar übers »Laterndl« eine nette, originelle, leichte Kletterei). 1900 glückte dem Mechaniker Gustav Starke die heute sog. »Kleine Südwand« (III) am Salzburger Hochthron, und 1907 wagte sich Franz Barth in die wesentlich längere und steilere Südwand des Berchtesgadener Hochthrons (IV–), um ein Jahr später mit seiner Durchsteigung des benachbarten, später so benannten »Barthkamins« schwierigkeitsmäßig noch eins draufzusetzen (IV+). Hinterstoißer/Kurz verrückten auch hier die Maßstäbe. 1934 glückte ihnen die Südwestwand (VI–/A0), 1935 die Pfeiler-Südwand (VI/A1), letztere blieb für lange Zeit das Limit am Berchtesgadener Hochthron. Die Berchtesgadenener/Reichenhaller Seilschaft realisierte »schwere Sechser mit ausgefeilten hakentechnischen Schwierigkeiten (bis A2), die unter Einsatz der damaligen Ausrüstung ein gerüttelt Maß an ›Leidensfähigkeit‹ verlangten.« (Karl Schrag) Das Niveau im freien Klettern vermochte auch Schertle (der tragischerweise 1979 im leichten Schrofengelände unterhalb des Hochstaufen-Gipfels tödlich verunglückte) mit seinen Untersbergtouren nicht zu steigern: Direkte Pfeiler-Südwand, 1962 mit Heinz Steinkötter; Ostpfeiler, 1966 mit Heinz Zembsch (beide am Berchtesgadener Hochthron); Direkter Blausandpfeiler am Salzburger Hochthron mit H. Stadlberger, 1963 – alle genannten Routen fordern vor allem ausgefeilte hakentechnische Kletterei in den Graden A1 und A2/VI.

Die Ära Krafft/Brandner

1972 aber gelang der einheimischen Seilschaft Hans Krafft und Heini Brandner mit der »Direkten Gelben Mauer« am Berchtesgadener Hochthron – lange die schwierigste Kletterei weit und breit – ein Meisterstück! »Brandner/Krafft« oder wenn man will »Krafft/Brandner« prägten das Klettergeschehen in den Berchtesgadenern bis in die 1980er-Jahre hinein. Ihre zahlreichen Routen am Göll-, Watzmannstock, an der Reiteralm zeichnen sich durch mehr Frei- denn technische Kletterei aus, während dies in der Ära Schertle gerade umgekehrt gewesen war.

Diese »Direkte Gelde Mauer« (VI+, A2) entpuppte sich als die viele Jahre schwierigste Berchtesgadener Felskletterei – denn die Erstbegeher hatten sowohl asteine »Siebener«-Stellen frei geklettert als auch knallharte hakentechnische Passagen hinterlassen, und das alles bei dürftigster Absicherung. Als in den 1990er Jahren im Rahmen des »alles gleichmachenwollenden« Routen-Sanierens auch die »Direkte Gelbe Mauer« mit zahlreichen (zusätzlichen) Bohrhaken versehen wurde, gab es für ein paar Monate eine neue Sportkletterroute im VIII. Schwierigkeitsgrad. Bis ein paar »Traditionalisten« das Meisterstück von Krafft/Brandner wieder in den Urzustand versetzten…

Die Wogen haben sich längst geglättet! Man ist sich unter den Berchtesgadener Kletterern einig, dass keine »Klassiker« mehr mit Bohrhaken zu Plaisirrouten degradiert werden. Der Untersberg hat einige moderne Sportkletterrouten aufzuweisen (»Eiskalt«, IX–, Direkte Westwand, VIII–, »Schwarzer Sheriff«, VII+) und mit der sanierten und frei gekletterten Direkten Pfeiler-Südwand, erstbegangen von Werner Schertle, einen astreinen »Neuner«, der auch schon eine Damenbegehung durch die Reichenhallerin Ines Papert bekommen hat.

Fotos: Heinz Zak (1), Andreas Kubin (2), Archiv Koller (2), Horst Höfler (1)

Florian Burggraf klettert die Schlüsselseillänge (IX) des Schertle-Pfeilers an der Südwand des Untersbergs

DIE SCHÖNSTEN TOUREN

Chiemgau

KAMPENWAND

Charakter: Voralpengebiet mit guter Erreichbarkeit (Kampenwandbahn) und vielen kleinen Massiven mit insgesamt 200 Routen zwischen III und IX; traditionelles Münchner Kletterrevier.

Kampenwand-Überschreitung (III – IV+): Über den »Torweg« (IV–) zum Westgipfel, über die Nordverschneidung (III) auf den Gmelchturm, über die Nordwestkante (III) zum Teufelsturm und über die Nordwestverschneidung (IV+) zum Hauptgipfel, ca. 7 Seillängen, zusätzlich etliche Querungen und Zwischenabstiege, klassische Route, mit Bohrhaken saniert

Gelbes U (VI+/ A1, frei VIII+/IX–): An der Südwand des Westgipfels, 6 Seillängen, mit Bohrhaken sanierte klassische technische Route (M. Baumann u. Gef. 1935/36)

Sektor Kaltwasserl: Ein gutes Dutzend Sportkletterrouten (V – VIII), ca. 20 m (S. Niemitz 2003/04)

HÖRNDLWAND

Charakter: Das traditionsreiche Voralpenklettergebiet ist in den 90er Jahren um einige schwierige Routen mit guter Absicherung bereichert worden. Es bleibt ein relativ langer Zustieg (1 bis 1½ Std.), dafür aber auch wenig frequentiert.

Land des Lächelns (VIII–, meist VII), 6 Seillängen, komplett eingebohrt (A. Eidam, K. Parzinger 1994), Einstieg über »Alten Schmidkunz-Weg«.

STEINPLATTE

Charakter: Langgezogener, südwärts exponierter Wandabbruch (bis 250 m Wandhöhe) mit südfranzösischem Flair; über 300 Routen in den Schwierigkeiten III bis X in bestem Kalk lassen keine Wünsche offen – außer bezüglich des eigenen Könnens: Die Routen im höheren Schwierigkeitsbereich dominieren.

Direkter Tango (VI+): 1 Seillänge/35 m, plaisirmäßig gebohrt, im Bereich Steinplatte West, Schuppe.

Vagabundenweg (VII): 5 Seillängen, mit Bohr- u. Normalhaken abgesichert, im zentralen Wandbereich.

Ironmouse (VII): Routenkombination von »Warten auf Godot«, »Maus am Spieß« und »Tom und Jerry«, 7 Seillängen, mit Bohrhaken ausgestatten, oben vereinzelt Normalhaken, im zentralen Wandbereich.

Direkte Südwestkante (VII+): 5 Seillängen, mit Bohrhaken sanierter Klassiker im zentralen Wandteil.

Via Sabine (VI–): 3 Seillängen, mit Bohrhaken (u. Sanduhren) ausgestattet, im Sektor »Almplatten«.

www.fuer-unsre-maedls.de (VII): 6 Seillängen, mit Bohrhaken abgesichert, am Urlkopf, SektorPlaisier-Wandl.

Berchtesgaden

UNTERSBERG

Südwestwand (VI): 7 Seillängen, großer Klassiker, der mit Standhaken saniert wurde.

Schwarzer Sheriff (VII+): 8 Seillängen, Bohrhaken als Stand- und Zwischenhaken.

Direkte Westwand (VIII–)
6 Seillängen, komplett mit Bohrhaken ausgerüstet.

»Barth/Niedermayer« (III)
10 Seillängen, klassische Route mit sanierten Standplätzen.

»Schimkepfeiler« (V+)
5 Seillängen, Klassiker mit gebohrten Ständen.

REITERALM

Großes Mühlsturzhorn, Direkte Südkante (VIII– bzw. VI A1): 10 Seillängen, alpine Kletterei mit gebohrten Standhaken, langer Zustieg.

Großes Mühlsturzhorn, Direkte Südwand (VII+): 8 Seillängen, alpiner Klassiker, mit Normalhaken gesichert, langer Zustieg.

Grundübelhorn, Südkante (V): ca. 20 Seillängen, alpine Route mit sanierten Standhaken, langer Zustieg.

Feuerhörndl, Sternschnuppe (VII–): 11 Seillängen, mit Bohrhaken plaisirmäßig abgesichert.

Wartsteinkante (VII–): 8 Seillängen, klassische, alpine, aber sanierte Route, Mix aus Bohrhaken und Normalhaken.

Alphorn, Men at work (VII+): 19 Seillängen, mit Bohrhaken abgesichert, Keile zusätzlich.

Feuerhörndl, Monstermagnet (X/X+): 12 Seillängen, extrem anspruchsvolle Sportkletterroute (A. Huber, R. Heigenhauser, W. Kurzeder 1990/91).

Feuerhörndl, End of Silence (X+):
12 Seillängen, eine der schwierigsten Sportkletterrouten in den Alpen (Thomas Huber 1994).

HOHER GÖLL

Alte Westwand (III+/IV): 10 Seillängen, Klassiker mit sanierten Standplätzen.

Großer Trichter (VI): ca. 7 Seillängen, ausgesetzte klassische Route, mit Normalhaken gesichert, Klemmkeile zusätzlich.

Kleiner Trichter (VII bzw. V+/A0): 16 Seillängen, alpine Tour mit Pendelquergang, Klebehaken an den Standplätzen.

Direkter Kleiner Trichter (VII): 8 Seillängen, Stand- und Zwischenhaken vorhanden, Klemmkeile zusätzlich.

Trichterpfeiler (VIII+): 10 Seillängen, ehemals technische Kletterei mit Seilzugquergang und extremen Freikletterpassagen, Normalhaken.

Scaramouche (X–): 7 Seillängen, eine der schwierigsten Klettereien am Göll, selten wiederholt (A. u. Th. Huber 1989)

WATZMANN

Mittelspitze-Ostwand, Wiederroute (III–): Alpiner Klassiker, größtenteils selbst abzusichern.

Kleiner Watzmann, Alte Westwand (III+): 10 Seillängen, alpiner Klassiker.

Kleiner Watzmann, Direkte Westwand (V): 15 Seillängen, alpiner Klassiker, Standplätze und teils Zwischenhaken saniert.

Kleiner Watzmann, Westwandriss (VI): 15 Seillängen, alpiner Klassiker.

HOCHKALTER

Schärtenspitze, Logical Line (V): 8 Seillängen, komplett mit Bohrhaken abgesichert

Steinberg, Plattenweg und -variante am Steinberg (III und IV): 7 bzw. 10 Seillängen, plaisirmäßig abgesichert

Bouldern am Blaueis, an die 100 Boulder in fünf verschiedenen Sektoren im Bereich der Blaueishütte, Schwierigkeiten bis 8b, weitere Informationen unter
www.blaueishuette.de

Fotos: Archiv Koller (3), Hermann Erber (1)

Die Direkte Westwand (VIII–) am Untersberg war eine der ersten modernen Sportkletterrouten in den Berchtesgadener Alpen, Hermann Erber in Aktion

Sepp Moser freut sich über die Felsqualität in der Route »Via CJD« (VI+) am Hohen Gerstfeld

Richard Koller klettert in den Platten von »Teamwork« (VII) am Hohen Brett

Seit dreißig Jahren gibt es ihn, den »Nationalpark Berchtesgaden«: mehr als 200 Quadratkilometer geschützte Natur am Nordrand der Alpen mit einem großen See mittendrin.

Wo

Fotos: Bodenbender

Der Königssee mit den Augen eines Vogels. Links St. Bartholomä und die Watzmann-Ostwand, am Horizont der Untersberg

der Adler kreist

Der Nationalpark Berchtesgaden

Von Eugen E. Hüsler

Im Herbst verfärben sich die Laubbäume im Nationalpark

Ein Nager mit (alpinem) Symbolcharakter: das Murmeltier

Hochkönig und Funtenseetauern von der Gotzenalm

Der königliche See

Das Boot gleitet lautlos über das Wasser, zerteilt es und lässt eine symmetrische Wellenspur zurück. Der Sommer ist vorbei, die Wälder an den Steilflanken über dem Königssee verfärben sich bereits, und der Himmel zeigt das tiefe Blau des Herbstes. Im Schiff, wo alles den Auftritt des Echo-Trompeters erwartet, ist es ganz still.

Was für ein Kontrast zu dem Gewusel am Abfluss des Königssees! Da herrscht der Kommerz, gibt's Kitsch – Made in China – en masse, das Bier fließt und die Lederhose spannt sich über manch stattlichem Bauch.

Draußen auf dem See kommt das Echo von den Felsen zurück, und bevor das Schiff in St. Bartholomä anlegt, sind die Trinkgelder fürs Musizieren eingesammelt. Ganz langsam schiebt sich dabei eine der großen Attraktionen der Bayerischen Alpen ins Blickfeld: die gigantische Ostwand des Watzmanns (2713 m). Er ist das »steinerne Kapital« des Berchtesgadener Landes, seinetwegen kommen viele hierher. Praktisch, dass er gleich über dem »schönsten Fjord der Alpen«, dem Echo-, pardon: Königssee in den Himmel ragt. Über das Gewässer ist in einer Broschüre der Parkverwaltung nachzulesen: »Das Königsseetal entstand entlang einer Bruchzone im Fels. Ein Fluss grub sich ein und schuf zunächst ein V-förmiges Tal. Während der Eiszeiten erhielt es dann seine heutige Gestalt. Ein bis zu 1000 Meter mächtiger Gletscher, der sich bis weit ins Alpenvorland erstreckte, hobelte ein U- oder Trogtal mit einem 200 Meter tiefen Becken aus. Dieses füllte sich nach dem Abschmelzen des Gletschers mit Wasser; ein großer, zusammenhängender See entstand. Ein nochmaliger kleiner Gletschervorstoß gegen Ende der letzten Eiszeit schuf die Endmoräne, die noch heute den Obersee vom Königssee trennt.«

Weiter erfährt man, dass der Königssee zu den saubersten Gewässern Deutschlands gehört und dass die Passagierschiffe schon 1909 mit Elektromotoren ausgerüstet wurden. In dem kühlen Gewässer, das seine grüne Farbe Kalkteilchen verdankt, die das einfallende Sonnenlicht brechen, leben zahlreiche, zum Teil ziemlich selten gewordene Fischarten wie der Seesaibling und die Seeforelle.

Den Weg übers Wasser wählen übrigens nicht nur Touristen; zweimal in Jahr reist auch das Vieh auf dem Königssee – im Juni zu den Almweiden, und im Herbst geht's zurück ins Winterquartier, dann allerdings festlich bekränzt.

Berggeschichte(n)

Der Watzmann ist das Wahrzeichen des Berchtesgadener Landes und auch des gleichnamigen Nationalparks: ein Berg von gewaltigen Ausmaßen, mit seinen »Kindern« eine ganze (Gipfel-)Familie. Die dazu passende (traurige) Sage gibt's natürlich auch, und sogar eine wilde Rockposse: »Der Watzmann ruft.« Wolfgang Ambros schrieb sie in den 1970er-Jahren.

Der Berg hält das leicht aus, zumal ihm der moderne Tourismus nie zu nahe gerückt ist. Ganz anders als im Wetterstein, wo die Zugspitze (nomen est omen!) ihre Bahnen bekommen hat, blieb der Watzmann von solchen »Annäherungen« verschont. Projekte gab es allerdings schon früh, und vor vier Jahrzehnten sollte das Watz-

Fotos: Strauß

Im Nationalpark heimisch: der Feuersalamander

mannkar für den Skilauf erschlossen werden. Der damalige Berchtesgadener Bürgermeister erhoffte sich ein großes Geschäft und behauptete schlicht, »er sehe bei den Bahnen nicht den geringsten Eingriff in die Natur«.

Doch der Schutzgedanke siegte über schnödes Profitdenken; heute bildet der Watzmann das Herzstück des einzigen alpinen Nationalparks Bayerns. Wer hinauf will zum Gipfel, der muss – genau wie vor hundert Jahren – ganz unten starten, im Tal: gut 2000 Höhenmeter werden allen abverlangt; einmalig für einen Berg, der direkt im Ausflugsbereich des Alpenvorlands und seiner Städte liegt!

Der Erste

Der Normalweg führt über die zum Hocheck (2651 m) ansteigende Nordflanke des Massivs; er ist identisch mit der Route des Erstbesteigers. Der kam aus Slowenien (das damals noch zur Donaumonarchie gehörte), war Geistlicher und ein gebildeter Mann: Valentin Stanig (1774 – 1847). Ludwig Purtscheller bewunderte ihn als ersten führerlosen Hochtouristen. Stanig, nach dem im Triglavmassiv eine Berghütte benannt ist, hinterließ uns eine detaillierte Beschreibung seiner Watzmanntour vom Sommer 1800: »Schon der Anfang war böse; denn ich musste über eine große steile Platte hinabglitschen, an deren Ende mich nur ein sehr kleiner Vorsprung vom Sturze in die unermessliche Tiefe errettete. […] Ich überstieg eine gefährliche Stelle, eine Kluft nach der andern; dachte auf besser werden und es kam nur Schlimmes nach. Bald musste ich mich auf einem schneidigen Rü-cken sitzend weiter bewegen, bald wie in Lüften schwebend an steilen Wänden dahinklettern.«

Er bezwang den Gipfel trotz all der Gefahren, und Stanigs Weg sollte für lange der einzige an dem großen Berg bleiben. An die Ostwand dachte damals noch niemand. Erst drei Generationen später (1881) durchstieg Johann Grill, der »Kederbacher«, zusammen mit Otto Schück diese monumentale Mauer zur Mittelspitze des Watzmanns: eine epochale Tat!

Das Haus am Berg

Der »Kederbacher«, den Karl Blodig einmal als »Fürst im Bauernkleid« bezeichnete, war der erste autorisierte deutsche Bergführer und später dann auch erster Wirt auf dem bereits 1888 eröffneten Watzmannhaus. Es wurde später wiederholt erweitert und umgebaut, ist aber dennoch ein echtes Bergsteiger-Refugium geblieben. Versorgt wird es übrigens nicht etwa aus der Luft, wie man bei den doch recht vielen Hubschrauberflügen innerhalb des Parks vielleicht annehmen könnte. Die gehen auf das Konto der Bundeswehr, die hier über ein Dutzend Landeplätze besitzt, was immer wieder für Irritation sorgt. Auch führt die Truppe im Park so genannte Leistungsmärsche durch, vor allem im Sommer. Der offizielle Nationalparkplan von 2001 hält immerhin fest, dass »die Aktivitäten von Bundeswehr und Bundesgrenzschutz innerhalb des Nationalparks hinsichtlich ihrer Auswirkungen diejenigen der fußläufigen Erholung nicht überschreiten sollen« (Zitat).

Zu Fuß den Park erleben

So machen wir uns als Wanderer zu dieser ganz besonderen Art der naturnahen Erholung auf. Ein schöner Weg führt von der Mittelstation der Jenner-Seilbahn südlich über die Mittelgebirgsterrasse zur Gotzenalm. Nur wenig oberhalb genießt man vom Feuerpalfen (1741 m) einen Kaiserblick auf den Königssee und die Watzmann-Ostwand. Im Gebiet der Röth wurden 1937 Steinböcke angesiedelt. Die zwischen 60 und 80 Tiere umfassende Kolonie – die einzige des Parks – lebt heute in den abgeschiedenen Hochkaren des Hagengebirges zwischen dem Kahlersberg und den Teufelshörnern (2361 m).

Mit etwas Glück kann man bei Parkwanderungen den »König der Lüfte« beobachten, der hier einige Brutplätze hat, so am Hohen Göll, im Wimbach- und im Klausbachtal. Gelegentlich gesichtet werden im Park auch schon Gänse- und Bartgeier.

Eine grandiose alpine Landschaft erlebt der Wanderer bei einem Ausflug ins Wimbachtal. An seiner Mündung zu einer Klamm verengt, weitet es sich hinter dem Wimbachschloss zunehmend. Typisch für das Talinnere sind

Im Nationalpark lebt auch eine Steinbockkolonie

die mächtigen Geröllströme, die hier Griese heißen. Sie ziehen aus den zerklüfteten, aus Dolomit bestehenden Flanken des Watzmann- und des Hochkaltermassivs herab. Auf den großflächigen Schuttmassen siedeln vor allem Pionierpflanzen, die über tief reichendes Wurzelwerk verfügen, wie beispielsweise das Gemeine Brillenschötchen. Eine botanische Rarität des Wimbachgrieses ist die Spirke, eine aufrecht wachsende Form der Latsche, die bis zu acht Meter hoch werden kann; sie hat sich gut an die extremen Standortverhältnisse angepasst.

Park-Geschichte

Die Idee, in den Berchtesgadener Alpen ein Schutzgebiet einzurichten, ist schon alt. Im Jahr 1910 wurde eine Fläche von gut 80 Quadratkilometern im südöstlichen Teil des heutigen Parks als »Pflanzenschongebiet Berchtesgadener Alpen« ausgewiesen, aus dem 1924 das »Naturschutzgebiet Königssee« entstand. Aber erst gut ein halbes Jahrhundert später wurde daraus ein Nationalpark. Seither wird immer mal wieder über Nutzung und Kompetenzen gestritten, doch genießt der Park bei der einheimischen Bevölkerung mittlerweile eine gute Akzeptanz.

Fotos: Strauß

Ein Meer aus Stein

Der Fels ist blendend weiß, er wirkt wie abgenagt, mit scharfen Kanten, Löchern und Rillen: Karst. Wind und Wetter haben hier ganze Arbeit geleistet, den Dachsteinkalk des welligen Hochplateaus in eine Wüste verwandelt, in ein zu Stein erstarrtes Meer.

Nur eineinhalb Kilometer tiefer, rund um den Königssee, grünt es, weidet das Vieh auf den Wiesen. Was für ein Kontrast! Etwa fünf Wanderstunden reichen (so hat es jemand formuliert) für den kürzesten Weg zum Mond. Ich will nicht ganz so weit, bloß zum Ingolstädter Haus und weiter auf den Großen Hundstod (2593 m), einen besonders schönen Aussichtsberg am Rand des Parkareals.

Nördlich unterhalb des Steinernen Meers, am Weg vom Königssee herauf, steht das Kärlinger Haus, ebenfalls ein beliebter Tourenstützpunkt. Und nur ein paar Meter tiefer liegt in einer Karstmulde ein Gewässer, das immer mal wieder für Superlative sorgt: der kleine Funtensee (1601 m), Deutschlands Kältepol. An Weihnachten 2001 wurden sagenhaft eisige minus 45,9° Celsius gemessen! Globale Erwärmung – hier bestimmt nicht!

Auch hoch: Kalter und Göll

Neben dem Watzmann ist der Hochkalter (2607 m) der höchste Gipfel des Nationalparks, und bei einer Anreise über die »Deutsche Alpenstraße« stiehlt der formschöne Berg, zwischen dessen langen, nach Norden gerichteten Graten das Blaueis – der nördlichste Alpengletscher! – auf sein (absehbares) Ende wartet, ihm sogar die Schau.

Mit einem lang gestreckten Grat schmückt sich auch der Hohe Göll (2522 m), der nordwestlicher Eckpfeiler des Parks, ansonsten eher ein wüster, verwitterter Klotz. Am Manndlgrat stehen zahlreiche fesche »Manndln« aus Stein – große wie kleine. Solchen aus Fleisch und Blut kann man hier ebenfalls begegnen: Ein wenig schwieriger, aber recht attraktiver gesicherter Steig folgt dem Grat, am Kehlsteinhaus startend. ■

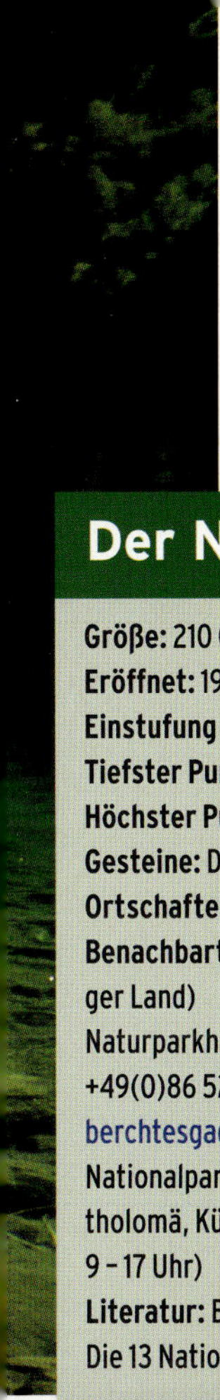

Einfach paradiesisch: der Obersee mit der Fischunkelalm (links). Von der unermüdlichen Arbeit des Wassers gezeichnet: Kalkfels (unten). Spirken im Wimbachgries (ganz unten)

Der Nationalpark Berchtesgaden

Größe: 210 Quadratkilometer
Eröffnet: 1978
Einstufung nach IUCN: Kategorie II
Tiefster Punkt: Königssee (603 m)
Höchster Punkt: Watzmann (2713 m)
Gesteine: Dachsteinkalk, Dolomit
Ortschaften in Parknähe: Berchtesgaden, Königssee, Schönau, Ramsau
Benachbarte Naturschutzgebiete: Kalkhochalpen (im Süden, Salzburger Land)
Naturparkhaus, Franziskanerplatz 7, D-83471 Berchtesgaden, Tel. +49(0)86 52/6 43 43, info@nationalparkhaus.org, www.nationalpark-berchtesgaden.bayern.de (geöffnet täglich 9–17 Uhr)
Nationalpark-Infostellen in Hintersee, Engert im Klausbachtal, St. Bartholomä, Kührointalm und Wimbachbrücke (geöffnet Mai bis Oktober 9 – 17 Uhr)
Literatur: Bernd Ritschel und Eugen E. Hüsler »Bergparadiese – Die 13 Nationalparks der Alpen«, Bruckmann Verlag, München

das ist der Gipfel:
75
Jahre
Erfahrung am Berg
Setzen Sie auf 75 Jahre Bergerfahrung:
› weltweit das älteste Bergmagazin
› über 800 Ausgaben BERGSTEIGER
› über 70.000 Seiten zum Thema Bergsport
Foto: Bernd Ritschel

Alles Wissenswerte von A – Z Tipps

ANREISE

Öffentliche Verkehrsmittel

Von Westen verläuft die Bahnlinie über München nach Rosenheim und ins Inntal (Kufstein) oder südlich des Chiemsees Richtung Salzburg, von Osten aus Salzburg kommend. Stichbahnstrecken existieren nach Aschau, nach Ruhpolding und über Bad Reichenhall nach Berchtesgaden. Das komplette Gebiet ist mit Buslinien abgedeckt

Mit dem Auto

Von der A8 München – Salzburg und der A93 nach Kufstein sind alle Ausgangsorte bequem erreichbar.

BADEN

Für die Sommermonate sind die bekannten Badeseen im Alpenvorland zu empfehlen: der Chiemsee und etwas westlich der kleinere Simssee, verschiedene Möglichkeiten an der Eggstätter-Hemhofer Seenplatte nördlich des Chiemsees und am Waginger und Tachinger See, die dafür bekannt sind, dass sie schnell angenehme Badetemperaturen erreichen. Der Königssee ist zum Baden allerdings meist viel zu kalt. Ebenfalls sehr erfrischend, aber zumindest für ein kurzes Bad eher geeignet, ist der Hintersee.

Das ganze Jahr über kann man folgende Bäder besuchen: zum Beispiel in Bad Endorf die Chiemgauthermen (www.chiemgau-thermen.de), in Ruhpolding Vita alpina (www.vita-alpina.de), die Rupertus-Therme in Bad Reichenhall (s. dort) und die Watzmann-Therme (www.watzmann-therme.de) in Berchtesgaden.

BERGBAHNEN

Einige Gipfel in den Chiemgauer und Berchtesgadener Bergen sind mit Seilbahnen erschlossen. Die wichtigsten sind: Hochries, Kampenwand, Hochfelln, Rauschberg, Steinplatte, Predigtstuhl, Salzburger Hochthron, Jenner. Zu Detailinformationen siehe die Kapitel »Touren, Touren, Touren«.

BERGSCHULEN

Besonders gefragt sind natürlich die Touren durch die Watzmann-Ostwand. Hier muss man neben einer soliden Kondition, Trittsicherheit und Schwindelfreiheit eineinhalb Tage veranschlagen (am Nachmittag Schifffahrt über den Königssee nach St. Bartholomä und am nächsten Morgen Begehung der Ostwand und Abstieg. Die Preise für die Touren liegen zwischen 420 und 480 €, je nach Anbieter und Route (Stand 2008).

Bergschule Watzmann, Tel. +49/(0)86 57/7 11, www.bergschule-watzmann.de

Erste Bergschule Berchtesgadener Land, Tel. +49/(0)86 52/53 71

Outdoor Club, Tel. +49/(0)8652/97760, www.outdoor-club.de

FESTE UND VERANSTALTUNGEN

Neben vielen »einmaligen« Veranstaltungen gibt es auch jährlich wiederkehrende, teils mit Jahrhunderte alter Tradition. Besonders lohnend ist der Besuch bei:

Ostermontag: Georgiritt in Traunstein mit historischem Schwertertanz, 1. Mai: in vielen Gemeinden Maibaum-Aufstellen; Christi Himmelfahrt: Trachtenwallfahrt nach Raiten mit Festgottesdienst; 3. Sonntag im Mai: Trachtenwallfahrt von Siegsdorf nach Maria Eck; Pfingstmontag: Knappenjahrtag in Berchtesgaden; Wochenende vor oder nach der Sonnwend: Sonnwendfeiern bei vielen Hütten oder auf Gipfeln: 24. August: Wallfahrt übers Steinerne Meer nach St. Bartholomä; September: Almabtrieb; Anfang September: Rosenheimer Volksfest; Vorweihnachtszeit: Christkindlmarkt, z. B. auf Frauenchiemsee (2 Wochenenden) und Buttenmandllauf in Berchtesgaden/Loipl

In der Watzmann-Ostwand

Im Aufstieg zum Watzmann-Hocheck

An der Hochalm

für unterwegs!

HÜTTEN UND ALMEN
Die Regionen bieten eine reiche Auswahl, vor allem im Chiemgau sind viele Hütten auch ganzjährig geöffnet, während in Berchtesgaden die Saison meist die Monate Juni – September umfasst. Zu Detailinformationen siehe die Kapitel »Touren, Touren, Touren« und »Almen«.

KLETTERHALLEN
Nicht nur für Schlechtwettertage bieten sich an: Kletterhalle Rosenheim, mit 60 Routen in der Schwierigkeit zwischen IV und IX, Infos unter www.montagne.de; Kletterhalle Bernau der Sektion Prien, 60 Routen zwischen IV und X, Infos unter Tel. +49/(0)80 51/6 51 21; Kletterhalle Bergsteigerhaus Ganz in Berchtesgaden: 50 Routen zwischen III und X, während Kursbetrieb teils für die Öffentlichkeit nicht zugänglich, Infos unter www.dav-berchtesgaden.de, Tel. +49/(0)86 52/22 07

MUSEEN
Müllner-Peter-Museum in Sachrang: Museum zum Komponisten und Laienarzt Müllner-Peter (gest. 1843) aus Sachrang, April – Oktober Mo, Do, Sa, So 14 – 17 Uhr, Tel. +49/(0)80 57/3 78
Museum Klaushäusl zwischen Rottau und Grassau: Historisches Brunnhäusl der Soleleitung aus Bad Reichenhall nach Rosenheim, Museumsschwerpunkte Soleleitung und Moor (Nähe zur Kendlmühlfilz), Mai – Oktober, Di – Sa 14 – 17 Uhr, So 10 – 17 Uhr, Tel. +49/(0)86 41/54 67
Glockenschmiede bei Brand: Südwestlich von Ruhpolding, Mitte Mai – Mitte Oktober, Mo – Fr 10 – 12 Uhr, 14 – 16 Uhr, www.ruhpolding.de/glockenschmiede, Tel. +49/(0)86 63/23 09
Naturkunde- und Mammut-Museum in Siegsdorf: Museum zur Geologie und zu Eiszeiten, besonders sehenswert natürlich das Siegsdorfer Mammut, Di – So 10 – 18 Uhr, www.museum-siegsdorf.de, Tel. +49/(0)86 62/1 33 16
Museum Maxhütte bei Bergen: ehemalige Eisenhütte, Museumsschwerpunkte Eisengewinnung und -verarbeitung in Bergen, Mai – Mitte Oktober, Di – So 10 – 16 Uhr, www.bergen.de, Tel. +49/(0)86 62/83 21
Holzknecht-Museum bei Ruhpolding: Museum zum Thema Wald und Mensch, Mai – September 10 – 17 Uhr, April u. Oktober ab 13 Uhr, Tel. +49/(0)86 63/6 39
Alte Saline mit Quellhaus in Bad Reichenhall: Ein Muss! Zu sehen ist das Backsteingebäude mit riesigen Solepumpen, Führung durch die Quellstollen und Quellfassung. Museum mit interessanten Kunstobjekten rund ums Salz und mit Filmen. April – Oktober, 10 – 11.30 Uhr und 14 – 16 Uhr.
Dokumentationszentrum Obersalzberg in Berchtesgaden, Ausstellung zur NS-Zeit, April – Oktober 9 – 17 Uhr, November – März Di – So jeweils 10 – 15 Uhr, Tel. +49/(0)86 52/94 79 60, www.obersalzberg.de
Nationalpark Informationsstelle Klausbachhaus mit wechselnden Ausstellungen, geöffnet 9 – 17 Uhr, www.infostelle-hintersee.de

NATIONALPARK BERCHTESGADEN
Der einzige deutsche Nationalpark in den Alpen liegt in Berchtesgaden. Seit 1978 sind 210 km² unter Schutz gestellt. Nationalpark Haus in Berchtesgaden, am Franziskanerplatz 7, Tel. +49(0)86 52/6 43 43, info@nationalparkhaus.org, www.nationalpark-berchtesgaden.bayern.de In den Sommermonaten bietet die Nationalparkverwaltung ein reichhaltiges Programm an Wanderungen und Exkursionen an, geführt von Nationalparkrangern. Von der botanischen oder geologischen Wanderung, über themenbezogene Wanderungen (Ameisen, Adler, Murmeltiere, Fledermäuse ...) bis zum Lagerfeuerabend und der historischen Führung durch Berchtesgaden ist alles geboten. Speziell für Kinder gibt es viele Angebote, ein eigenes Veranstaltungsprogramm gibt Auskunft (auch als Download). Details zum Nationalpark siehe Seite 107

SEHENSWÜRDIGKEITEN IM CHIEMGAU
Neubeuern: Sehr schöner Dorfkern mit historisiertem Stadttor, Häuserfassaden und Dorfplatz, entstanden

In der Wimbachklamm

Rupertus-Therme in Bad Reichenhall

Fotos: Strauß (3), TV Berchtesgaden (1), Zahel (1)

Alles Wissenswerte von A – Z Tipps

um 1890. Überthront vom Schloss Neubeuern (Internat).
Steinkirchen: Aussichtskirche am nördlichen Rand des Samerberger Hochtals, schöner Blick auf Rosenheimer Vorland. Schöne Spaziergänge und Einkehrmöglichkeiten.
Hohenaschau, siehe Seite 44
Wallfahrt von Unterwössen und Schleching nach Raiten: Trachtenwallfahrt zur Kapelle Raiten bei Mettenham, am 1. Mai
Streichenkapelle: spätgotische Gebirgskirche in sehr schöner Lage hoch über der Tiroler Achen mit Blick auf das Kaisergebirge, in der Nähe Einkehr, absolutes kulturelles Schmankerl.
Maria Eck: Wallfahrtskirche aus dem 17. Jahrhundert mit barockem Hochaltar und bekannter Wallfahrt, ausgehend von Siegsdorf, jeweils am 3. Sonntag im Mai
Reit im Winkl: Urlaubsort mit zahlreichen schönen, alten Häusern
Weitsee, Mittersee, Lödensee, Förchensee: schöne Seenkette zwischen Reit im Winkl und Ruhpolding, verschiedene Wandermöglichkeiten, auch wenn die B305 direkt durchs Tal führt
Ruhpolding: wichtigster Fremdenverkehrsort in den Chiemgauer Alpen, sehenswerte Pfarrkirche St. Georg mit der bedeutenden Ruhpoldinger Madonna aus der Zeit um 1230.
Bad Reichenhall: Lohnend ist die Besichtigung der Altstadt und des Kurparks, auf jeden Fall aber sollte man St. Zeno besuchen, Bayerns größte romanische Kirche mit 90 Metern Länge und großem Westportal. Einen Besuch ist die Alte Saline wert (s. Museen) und die Rupertus-Therme: www.rupertustherme.de

SEHENSWÜRDIGKEITEN IM BERCHTESGADENER LAND

Berchtesgaden: Einige Kirchen (St. Peter und Johannes, St. Andreas, Franziskanerkirche) und das Königliche Schloss sind zu besichtigen, das Salzbergwerk, das Dokumentationszentrum Obersalzberg und die Enzianbrennerei Grassl sind ebenfalls interessante Ziele.
Ramsau: Ramsau ist vor allem durch seine Kirche (St. Fabian und Sebastian) an der Ramsauer Ache mit der Reiteralm im Hintergrund bekannt. Westlich des Ortes liegen der sehr schöne Hintersee und der Zauberwald.
Maria Gern: berühmte Wallfahrtskirche, gebaut 1708 – 10 mit einem Hochaltar aus dem 17. Jahrhundert, seit rund 1600 als Wallfahrtsort bekannt und geschätzt.
Maria Ettenberg: sehr schöne Barockkirche aus den Jahren 1723 – 32. Gemeinsam mit dem Gasthof Mesnerwirt beliebtes Ausflugsziel.

GLEITSCHIRM-TANDEMFLÜGE

In Bad Reichenhall

Tandemflüge von der Hochries: Info unter www.tandemfliegen.aero, Tel. +49/(0)80 32/98 29 42, ca. 100 €, Infos zu Tandemflügen am Hochfelln, am Jenner, am Predigtstuhl, am Rauschberg und am Unternberg bei Ruhpolding findet man unter www.tandemflug-bgl.de, außerdem am Jenner: www.flugschule-watzmann.de und www.parataxi.de

TOURIST-INFOS

Kur- und Tourismusverband Wendelstein e. V., Bad Feilnbach, Tel. +49/(0)80 66/8 87 56, www.wendelstein-ist-inn.de (für Neubeuern, Nußdorf, Rohrdorf)
Tourismusverband Chiemgau e. V., Traunstein, Tel. +49/(0)8 61/5 82 23, www.chiemgau-tourismus.de (für den gesamten Chiemgau)
Chiemsee Tourismus e. V., Bernau am Chiemsee, Tel. +49/(0)80 51/96 55 50, www.chiemsee.de (speziell für die Chiemseegemeinden)
Kur- und Tourismusverband Bad Reichenhall/Bayerisch Gmain e. V., Bad Reichenhall, Tel.: +49/(0)86 51/60 63 03, www.bad-reichenhall.de (für Bad Reichenhall und Bayerisch Gmain)
Verkehrsamt Schneizlreuth, Schneitzreuth, Tel. +49/(0)86 65/74 89, www.bgl-rupertiwinkel.de (für den Rupertiwinkel)
Kurdirektion des Berchtesgadener Landes, Tel. +49/(0)86 52/96 70, www.berchtesgadener-land.info

VIA ALPINA

Der bayerische Anteil der alpenweiten Via alpina führt durch die Chiemgauer und Berchtesgadener Alpen. Stellenweise etwas abweichend vom Maximiliansweg (s. Seite 54) verläuft die Via alpina von Oberaudorf im Inntal über das Spitzsteinhaus nach Sachrang. Hier steigt man auf zur Priener Hütte, überschreitet die Kampenwand und über die Piesenhauser Hochalm geht es nach Marquartstein. Über die Gipfel von Hochgern und Hochfelln gelangt man nach Ruhpolding. Hier wendet sich die Via alpina nach Süden und steigt über Laubau und Heutal nach Unken ab. Bereits in den Berchtesgadener Alpen verläuft die Strecke über die Neue Traunsteiner Hütte auf der Reiteralm, hinunter nach Engedey und zum Königssee. Von hier führt die Strecke über St. Bartholomä zum Kärlinger Haus, es folgen der Übergang übers Steinerne Meer zum Riemannhaus und der Abstieg nach Maria Alm. Auf der Südseite von Steinernem Meer und Hochkönig werden die Etappenziele Erichhütte und Arthurhaus angesteuert, bevor man nach Werfen hinuntergeht und die Berchtesgadener Alpen verlässt. Für Chiemgauer und Berchtesgadener Alpen dauert diese Strecke 6 bzw. 9 Tage, sie ist in beiden Richtungen begehbar. Detaillierte Informationen zur Streckenführung, zu Tagesetappen und Schwierigkeiten unter www.via-alpina.com.

WANDERFÜHRER, EMPFEHLENSWERTE BÜCHER

Wanderführer

Bauregger, Heinrich »Chiemgau, die schönsten Alm- und Gipfelwanderungen«, Rother Verlag, München 2007.
Brandl, Sepp »Berchtesgadener und Chiemgauer Wanderberge«, Rother Verlag, München 2005.
Höfler, Horst; Witt, Gerlinde »Die schönsten Routen, Bayerische Wanderberge zwischen Isar und Inn«, J. Berg Verlag, München 2005.
Pröttel, Michael »Chiemgau, Wandern kompakt«, Bruckmann Verlag, München 2004.
Strauß Andrea und Andreas »Almwanderungen Chiemgau – Berchtesgaden«, Bergverlag Rother, Ottobrunn 2007.
Strauß, Andrea und Andreas »Winterwandern Berchtesgaden - Chiemgau - Salzburg«, Bergverlag Rother, Ottobrunn 2005.
Witt, Gerlinde »Berchtesgadener Land«, Bruckmann Verlag, München 2007.
Zahel, Mark »Berchtesgadener Alpen«, Bruckmann Verlag, München 2006.

Fotos: Strauß (3), TV Berchtesgaden (1)

für unterwegs!

Kletterführer
Elsner, Dieter; Haase, Jochen »Alpine Sportkletterrouten Rätikon - Hochkönig«, Rother Verlag, München 1996.
Goedeke, Richard »Kletterführer Bayerische Alpen, Nordtirol«, Rother Verlag, München 2004.
Habereder, Evi; Stadler, Markus »Out of Rosenheim, Klettern und Bouldern im Chiemgau, im Inntal und an der Kampenwand«, Panico Verlag, Köngen 2005.
Jentzsch-Rabl, Axel; Jentzsch, Andreas »Genussklettern Österreich

Nachschub für frische Milch

Mitte«, Alpinverlag Jentzsch Rabl, Bad Häring 2005.
Mayrhuber, Joachim; Aigner, Christian »Rock Projects«, Verlag Rock Projects.com, Salzburg 2005.
Oberbeil, Claudia; Cierpka, Andreas »Kletterträume in Bayern«, ars una Verlag, München 2001.
Schöner, Hellmut; Kühnhauser, Bernhard »AV-Führer Berchtesgadener Alpen«, Rother Verlag, München 1997.
Stocker, Adi »Kletterführer Steinplatte« Panico Verlag, Köngen 2003.

Bikeführer
Moser, Elmar »Bike-Guide, Chiemgauer und Berchtesgadener Alpen«, Band 4, Delius Klasing Verlag, Bielefeld 1994.

Kultur, Natur
Noë, Heinrich »Bayerisches Seenbuch«, hg. v. Heidi C. Ebertshäuser, Verlag Hugendubel, München 1982.
Steub, Ludwig »Wanderungen im bayerischen Gebirge«, Verlag via verbis bavarica, München 1862.
Brugger, Walter; Weitlauff, Manfred (Hg.) »Kloster Frauenchiemsee 782 – 2003«, Verlag Konrad, Weißenhorn 2003.
Hamm, Margot »Die Herrschaft Hohenaschau und das Prienta1, Chronik Aschau im Chiemgau«, Aschau 2003.
Rieder, Josef »Rossoltesperg - Samerberg, Beiträge zu seiner Geschichte«, Samerberg 1988.
Schacherl, Lillian »Der Chiemgau«, Prestel Verlag, München 1988.
Lohmann, Michael »Die Pflanzenwelt des Chiemgaus«, Columba Verlag, Prien 1993.
Lohmann, Michael »Chiemsee-Naturführer«, Columba Verlag, Übersee 2006.

Bildbände
Heyn, Hans; Lohmann, Michael; Schubert, Kurt »Der Chiemsee«, Rosenheimer Verlagshaus, Rosenheim 1991.
Mittermeier, Werner »Chiemgau und Rupertiwinkel«, Plenk Verlag, Berchtesgaden 2000.
Pusch, Wolfgang »Watzmann«, Rother Verlag, München 2008.
Ritschel, Bernd; Hüsler, Eugen E. »Bergparadiese – Die 13 Nationalparks der Alpen«, Bruckmann Verlag, München 2008
Schwenkmeier, Willi »Berchtesgadener Alpen«, Rother Verlag, München 2006.

Eine zünftige Maß nach der Tour

Beim Georgiritt

Strauß Andrea und Andreas, »Chiemgauer Alpen«, Rother Verlag, München 2007.
Zebhauser, Helmuth »Chiemgauer Alpen«, Rosenheimer Verlagshaus, Rosenheim 1992.

Wanderkarten
AV-Karten »Hochkönig, Hagengebirge und Steinernes Meer«, Nr. 10/1 und 10/2, 1:25 000. In Maßstab 1:50 000 kann man die Karten des Landesamts für Vermessung und Geoinformation Bayern empfehlen: »Chiemgauer Alpen« UK L 7 und »Berchtesgadener Alpen« UK L 4 (erschienen 2006) sowie »Nationalpark Berchtesgaden« im Maßstab 1:25 000. freytag & berndt-Wanderkarten 1:50 000 die Blätter Nr. D9 »Chiemsee«, Nr. 301 »Kufstein«, Nr. 104 »Chiemgauer Alpen« und Nr. D5 »Berchtesgaden«. Kompass-Wanderkarten 1:50 000, Nr. 10 » Chiemsee, Simssee« und Nr. 14 »Berchtesgadener Land und Chiemgauer Alpen«.

WETTERBERICHT
Täglich abzurufen beim Alpenverein unter Tel. +49/(0)89/29 50 70 und www.alpenverein.de oder besuchen Sie www.bergwetter.de, ein Service von www.bergsteiger.de

Andrea Strauß

(Jahrgang 1968) ist in München geboren und teils im Chiemgau aufgewachsen. Nach einer Ausbildung im Verlag studierte sie Germanistik, Geschichte und Geographie. Seit 1995 arbeitet sie als Lehrerin in Bad Aibling. In den Bergen ist sie von Kindesbeinen auf zu allen Jahreszeiten unterwegs: auf Ski, am Seil oder einfach beim Wandern. Den Chiemgauer Bergen gilt noch immer ihre Liebe, hier verbringt sie einen Großteil der freien Zeit und freut sich, trotzdem immer wieder Neues zu entdecken. An den Berchtesgadener Alpen fasziniert sie die Großartigkeit und die raue, karge Landschaft der Hochlagen. Für BERGSTEIGER schreibt sie regelmäßig Beiträge zu den Themen Wandern, Skitouren, Klettern und stellt ihre Lieblingsgebiete vor. Die Bilder zu den Veröffentlichungen stammen von ihrem Mann Andreas Strauß, der als freiberuflicher Fotograf arbeitet.

Eugen E. Hüsler

(Jahrgang 1944), geboren in Zürich. Erste Alpenfahrt 1953 »en famille«. Ließ eine technische Ausbildung samt Berufsalltag zurück, ging auf seine Traumreise, schreibend, fotografierend. Publikation zahlreicher Reise- und Wanderführer, vor allem über alpine Regionen. Wird zum Bergsteiger mit einem Hang zu abgelegenen (Alpen-)Winkeln, einsamen Pfaden und »eisenhaltigen« Routen. Weitere Bücher, vor allem bei Bruckmann, München, dazu viele Beiträge in alpinen Zeitschriften. Hat bis heute etwa 70 Bücher veröffentlicht, darunter einige Standardwerke wie »Hüslers Klettersteigatlas Alpen« – und steckt voller Ideen. Eugen E. Hüsler lebt seit 1983 zusammen mit Hildegard in Oberbayern, ist seiner Heimat aber immer noch verbunden, auch bergsteigend.

Horst Höfler

ist seit über 40 Jahren Bergsteiger und seit 33 Jahren BERGSTEIGER-Autor. Als Alpinjournalist ist er seit langem ein Begriff. Seine besondere Neigung gilt der Geschichte des Alpinismus, zu der er etliche Artikelserien geschrieben hat. Auch einige seiner Bücher weisen in diese Richtung, wie etwa »Hermann Buhl – am Rande des Möglichen« (mit Reinhold Messner), »Watzmann – Mythos und wilder Berg« (mit Heinz Zembsch) oder »Wilder Kaiser – Klettergeschichte, Geschichten vom Klettern« (mit Pit Schubert). Beim Bruckmann Verlag erscheint im kommenden Herbst »Dream Teams«, worin Alpingeschichte anhand 20 berühmter Bergsteiger-Seilschaften erzählt wird. In den Berchtesgadener Alpen ist Horst Höfler seit seinem 17. Lebensjahr unterwegs.

Foto: Andreas Strauß

BERGSTEIGER special Nr. 16

Bergsteiger special

Internet: www.bergsteiger.de

Redaktionsanschrift

BERGSTEIGER,
Postfach 40 02 09, 80702 München
Tel. +49 (0) 89.13 06 99.655,
Fax +49 (0) 89.13 06 99.690
bergsteiger@bruckmann.de

Chefredakteur Andreas Kubin
Texte Andrea Strauß, Horst Höfler, Eugen E. Hüsler
Redaktionsassistenz Nicole Bramstedt
Layout Hildegard Nisticò
Redaktion Petra Gössl-Kubin
Die Fotografen dieser Ausgabe
Jörg Bodenbender, Horst, Höfler, Eugen E. Hüsler, Richard Koller, Andreas Strauß, Mark Zahel

Anzeigenverkauf
Peter Schachtl (Bergsport),
Tel. +49 (0) 80 64.90 59 75, Fax 90 59 74,
medienservice@schachtl.de

Judith Fischl (Anzeigenverkauf, Disposition)
Tel. +49 (0) 89.13 06 99.520, Fax 13 06 99.500
judith.fischl@verlagshaus.de

Tourismus
Martina Mayer (Leitung Tourismusmarketing)
Tel. +49 (0) 89.13 06 99.550, Fax 13 06 99.500
martina.mayer@bruckmann.de
www.verlagshaus-media.de
Es gilt die Anzeigenpreisliste Nr. 44 vom 1. 1. 08

Litho Cromika, Verona

Druck Stürtz GmbH, Alfred-Nobel-Straße 33, 97080 Würzburg

BRUCKMANN

Verlag
Bruckmann Verlag GmbH,
Infanteriestraße 11a, 80797 München
www.bruckmann.de
Geschäftsführer Clemens Schüssler
Herstellungsleitung
Dipl.-Wirt.-Ing. Ulrike Walleitner
ulrike.walleitner@verlagshaus.de
Vertrieb Zeitschriften Dr. Regine Hahn
regine.hahn@verlagshaus.de
Vertrieb/Auslieferung Bahnhofsbuchhandel, Zeitschriftenhandel MZV Moderner Zeitschriften Vertrieb GmbH & Co. KG, Eching

Im gleichen Verlag erscheinen außerdem

Bergsteiger CLIMB! Procycling

Preise
Einzelheft € (D) 7,90, € (A) 8,55, sfr 14,80

ISBN
978-3-7654-5076-1

Verantwortlich für den redaktionellen Inhalt: Andreas Kubin, Infanteriestraße 11a, 80797 München. **Verantwortlich für Anzeigen:** Christian Jungermann, Infanteriestraße 11a, 80797 München.

GeraNova Bruckmann Verlagshaus